はじめに

祖母からの予言「子どもを産むにはもう遅い」

42歳の誕生日、子どもがいない人生を歩むことを突き付けられた気がしました。可能性がないわけではないけれど、額にお札をぺたりと貼られたような、可能性にしがみつく選択肢を自ら捨てたような……。とにもかくにも、「子どもがいないことを前提に、どう生きるか考えなさい」とお告げ（？）がありました。

今は亡き祖母に、

「あんた、子ども産む気だったの？　もう遅いわよ」

と、予言めいた台詞を言われたときから、なんとなく予想していたのかもしれません。そんな現実を、意外とすんなり受け止めることができました。

それならそれで、人生後半戦をどんな価値観で生きるかなと。

中学生の頃から定年後の何にも縛られない暮らしに憧れていた私は、結婚を機に30歳手前でフリーランスになりました。出版社では雑誌を制作していたものの、独立してからは雑誌だけでなく書籍やカタログなども手掛けるようになり、編集者として、ライターとして、日々広がっていく世界が楽しくて仕方ありませんでした。30代半ばで離婚したあとは、すべてにおいて仕事優先。やりたいことは定年後に取っておこう。有難いことに人に恵まれ、泣き笑いしながら馬車馬のように働きました。

離婚後に長くお付き合いした人もいたけれど、結局は友達に戻って、またひとり。休みがあれば、国内外を旅して回る。30代は仕事にプライベートにと、ジェットコースターのように流れていきました。

そして迎えた40代なわけです。30代の勢いのまま突入したのはいいけれど、〝年齢にとらわれない美しさ〟なんて原稿を書きながら「40」という数字が理由もなくのしかかってきます。仕事で若き才能に出会っては、人生前半を振り返って後悔することもしばしば。

どうなるかわからない仕事、徐々に衰えていく体力、隣人の名前すら知らないローンを抱えたマンション生活……。自分の両肩だけに自分の人生だけがのっかっているシンプルな状態だけど、足腰が弱れば一気に崩れ落ちます。そんなとき、生活はコロナ禍へと突入していき、混沌とした社会のなかで、もともと不透明な未来はさらに霧がかってきたように見えました。今はいい、でも10年後は？　20年後は？

大学を卒業してすぐ保険会社に勤めたため、ライフステージとお金の関係や、国民年金でもらえる金額もなんとなくわかっていました。自分の年齢や社会状況を鑑みれば、「なんとかなるさ」が、通用しなくなってきていることもひしひしと……。

それでも。

キャリアだの安定だのをかなぐり捨ててフリーランスを選んだのは、「楽しいことしかしたくない」というストレス耐性ゼロの私が導き出した答えなのです。今さら組織に属したり、何かを我慢したりしながら生きていくのは、言うなれば都落ちで、どうにかそれだけは避けたい。いや、絶対に避ける。

独立したときは、思いきりのよさと、若さと、共に困難を背負い合えるパートナーがいました。いつの間にか名前を聞かなくなった人達を知っている今、決して若くはない今、自分の人生が自分だけのものになった今、石橋を壊れんばかりに叩かずにはいられません。

ストレスとリスクを避けながら、好きなことをして生きていく。今後、パートナーが現れるかもしれないけれど、ひとりだろうとふたりだろうと楽しければそれでよし！　まずは自分の足腰を鍛えながら、私なりの豊かな生活を模索してみようじゃないか。

そもそも、人間の〝豊かさ〟ってなんなんだろう。その豊かさが何かを洗い出して、ひとつずつ満たしていく作業が、今後のテーマになりそうです。

シングルなら誰しもが直面する問題への私なりの立ち向かい方、どうかご笑覧ください。

女フリーランス・バツイチ・子なし

42歳からのシングル移住

目次

Kagoshima
COLLECTI
HOUSE

トカイナカ!

happy birthday!
43

Tokyo

Welcome
KIRISHIMA
Kagoshima

2019

1

死んだ私を見つけてくれるのは誰なのか

強制された挨拶をするだけのご近所さん

20代の終わりから、私は長く目黒のマンションに暮らしていました。目黒というと聞こえはいいけれど、もう築50数年。建った当初から住み続けている人も多く、住民の平均年齢は、優に65歳を超えています。私はこのマンションにすっかり惚れ込み、部屋は一度変わりましたが、住み始めて14年。それでも新参者のままです。

目の前に公園があって、桜が春の訪れを知らせ、蜩《ひぐらし》が夏の終わりを告げ、紅葉になぜか食欲が湧き、葉っぱが落ちて小指ほどの東京タワーが見えたら冬。恐らく、それも考えてこの場所に建てられたのでしょう。カーテンを開ければ借景で、四季が視界に飛び込んできます。

このマンションにはいろいろとルールがあって、住民同士は顔を合わせたら「こんにちは」と声を掛け合うことになっています。洗濯物をベランダに干すことは許されず、みんな屋上に干すので、エレベーターではお互いに洗濯物を抱えながら季節の会話をすることもしばしば。

お互いに名前も知らないけれど、部屋でひとり黙々と仕事をしている身としては、そんな会話も嫌いではありません。

　ある時、友人の実家から大量の野菜が届きました。食べることは好きでも、料理はまるでしない私は、巨大な3玉の白菜をひとりで使い切る自信はなく、すっかり持て余してしまいました。友達にあげるといっても、白菜を抱えてわざわざ行くほどの距離でもなし。

　それではと、子どもの頃を思い出してお隣さんを訪ねようと思い立ちました。会話をしたことはないけれど、お互い笑顔で挨拶を交わす関係。〝ご近所さんへのお裾分け〟という慣習をすっかり忘れていました。

　巨大な白菜を抱えてチャイムを鳴らすと、おばあちゃんが出てきて、私の顔を見ると明らかにぎょっとしていました。

「すみません、隣の藤原です。友人からたくさんいただいたんですけど食べきれなくて、よかったら」

　丸々とした白菜を差し出すと、

「ご自分で食べないんですか？」

「3玉ももらって、食べきれなくて」

「そうですか、じゃあ……」

　明らかに渋々といった感じで受け取ると、それじゃあと扉は閉まりました。

　恐らく、私のなかに「若者から慕われることを高齢者は嫌がらないだろう」という驕《おご》りがあったのでしょう。まさか、迷惑がられるとは……胸がチリチリと痛みました。

考えてみれば、マンションの自治会にも参加せず、それどころか参加・不参加の返信すらせず、ご近所付き合いを自ら避けてきたのは私です。所詮、強制された挨拶をするだけの関係でしかないことに気づきました。

下町出身ということもあるかもしれませんが、子どもの頃は、確かに東京でも地域の共同体が生きていました。近所には、口うるさくて苦手な人もいたけれど、自分の子どものように私の成長を喜んでくれる人もいました。でも、当時はどちらも面倒に感じていたように思います。

そして今、私の実家周辺はというと、隣の家は駐車場になり、向かいの一戸建てはアパートになりました。もう片方の隣人は、昔から住んでいる高齢の独身男性。私の親の代からご近所付き合いは希薄になっていき、老体もあって今ではほとんどコミュニケーションはないようです。

商店街はシャッターが閉まりっぱなしのお店が増えてきました。一方で、なぜか高層マンションはどんどん建設が進みます。たぶん、都内には同じような街がたくさんあるはず。

昔から、核家族化の問題は叫ばれていましたが、右から左へと聞き流していました。東京の地域共同体がどんどん崩れていく様を目の当たりにして、私はやっとこの危うさを実感したのでした。

父が死に、そして、誰もいなくなった

今、私がこの目黒のマンションで突然死したとき、誰が最初に気づくのかなあと、ふと思いました。隣人が第一発見者だとしたら、あの様子だと私はもう原形を留めていなそうです。今なら、友達、仕事関係者、親戚あたりでしょうか。

でも、もしこれが75歳だったら？

今でさえ年に一度会うか会わないかの甥っ子や姪っ子と頻繁に連絡を取っているとも思えないし、お互い高齢者になった友人がすぐ気づくでしょうか。

ふと、窓の外に目を向けると、公園でおじいちゃん達が5〜6人集まって将棋を指している姿が見えました。彼らはほぼ毎日、池の畔で将棋に興じています。毎日同じ場所に集まっていれば、誰かが来なくなったらおかしいと気づくでしょう。

SNSの発達によって、長らく会っていない友人の動向もわかるようになったし、連絡も気軽に取れるようになりました。つい先日も、ここ数年会っていなかったイラストレーターさんとSNSで再会して大盛り上がり。どこで暮らしていても繋がることができる時代になり、実際に顔と顔を合わせなくても、なんだか一緒にいるような気がします。

でも、果たしてそれで今後は大丈夫なのでしょうか。

私が人生後半戦を生き抜くにあたって、まず必要なのは、死んだことに気づいてくれる人の

存在のような気がしてきました。死んだら終わり。そりゃそうなんだけど、死んだことをすぐに気づいてくれる人がいない人生ってどーよ。

もやもやと今後について考えていたある日、突然、父が亡くなりました。

最後に実家に帰ったのは、半年以上前。家の電話とテレビが同時に繋がらなくなったと父から連絡が入り、兄とふたりで父の様子を見がてら、配線を確認しにいったときのことです。帰り際、私達に向かって「ありがとう」と手を振ったのが最後に見た姿でした。「ありがとう」も「ごめんなさい」も素直に言えなかった父がお礼を口にする様を見て、兄と「やっと丸くなってきたね」と話したことを覚えています。

その後、コロナのことがあるから帰ってこなくていいと言われ、しばらく実家から遠ざかっていましたが、実家のほど近くにある既に誰も住んでいない祖母の家の整理も途中になっていたので、久しぶりに兄と父の顔を見に行くことにしました。たまたま、その日の朝、父は自宅で亡くなっていて、私達は運よく同日中に発見することができたのでした。

私が高校生のときに母は亡くなっていて、兄も私も既に独立しているので、実家は空っぽになりました。新しく建った家が嬉しくて、興奮して飛び回った37年前のあの日。家族4人で暮らしを営んでいた家は、ひとり消え、ふたり消え、3人消え、いよいよ誰もいなくなりました。自分もそういう歳になったんだ。両親を見送ったということは、次は私達の番です。

コロナ禍ということもあり、ささやかに家族葬を行ってから1週間。これもたまたま実家で必要な書類を探していたとき、もう誰も住んでいない実家の電話が鳴りました。

久しぶりに固定電話の受話器を取ると、近所に住んでいる両親の同級生で、私も小さい頃よく面倒をみてもらっていたおばさんでした。父が亡くなったことを風の噂で聞いて、もう誰もいないとは知りながらも電話を掛けてしまったと。おばさんはたくさんの昔話をしながら、私達のことを心配していたと何度も繰り返しました。斜向《はすむ》かいのお宅からは最近の父の様子を聞くことができて、町内会の方は誰もいなくなった実家を防犯の観点からたまに見にきてくれていたのでした。

地域社会に入り込めるうちが花

私がもうなくなったと思っていた地域社会は、実はまだ細々と生きていました。実家にひとりで暮らすことも一瞬頭をよぎりましたが、電話を掛けてきてくれたおばさんも、斜向かいのおばさんも、町内会のおじさんも、みんな父と同じ世代で、いずれはいなくなります。

かつて老夫婦ふたりが住んでいた向かいの一軒家は、今では一部屋15㎡の3階建て9戸のアパートです。どんな人が住んでいるのか、もちろんまったく知りません。区外の中学に行ってしまったため、地元の友人はほぼ皆無。多くの友人は東京で点々と暮らし、今住むマンションではこの有り様です。

どうなるかはわからないけれど、普通に考えれば、まだ人生は40～50年はあるはず……。

ひとりで生きていく私には、もしかしたら地域社会が必要なのではないかと思うようになりました。

中学生の頃、苦手だったおばちゃんの印象も強いけれど、私の健康と幸せを心から願ってくれた他人が身近にいたのは確かです。

日本中を旅して回り、たくさんの人に助けられてきました。バスの時刻を間違えて吹雪のなかで突っ立っていた私に声を掛けてくれた老夫婦、獣道に迷い込んでしまったときに助けに来てくれた役場の人、山の上のペンションにスマホを忘れた私をわざわざ送ってくれた土産店の店主。そしてみんな、私が旅人だと知ると、助けるついでに地元の人だけが知っている絶景スポットに連れていってくれたのでした。私が〝お客さん〟だったこともあるでしょうが、それでも地方にはまだ、当たり前のように助け合う地域社会が残っているのだと思います。

いくつになっても同級生とは当時と変わらない関係でいられるように、地域も恐らくそんな関係性を築く場所なのでしょう。少子高齢化に加え、非婚化もどんどん進むなか、さまざまな境遇にいる他人同士が、同じ地域に住んでいるだけで助け合うことができる地域共同体。苦手な人や面倒な人がいたとしても、これが壊れたら、私だけでなく多くの人が困ることになる気がします。実際に孤独死はどんどん増えています。

東京が変容していくなかで、私はこのままここで暮らしていて、本当に大丈夫なのでしょうか。

東京23区内におけるひとり暮らしで65歳以上の人の自宅での死亡者数

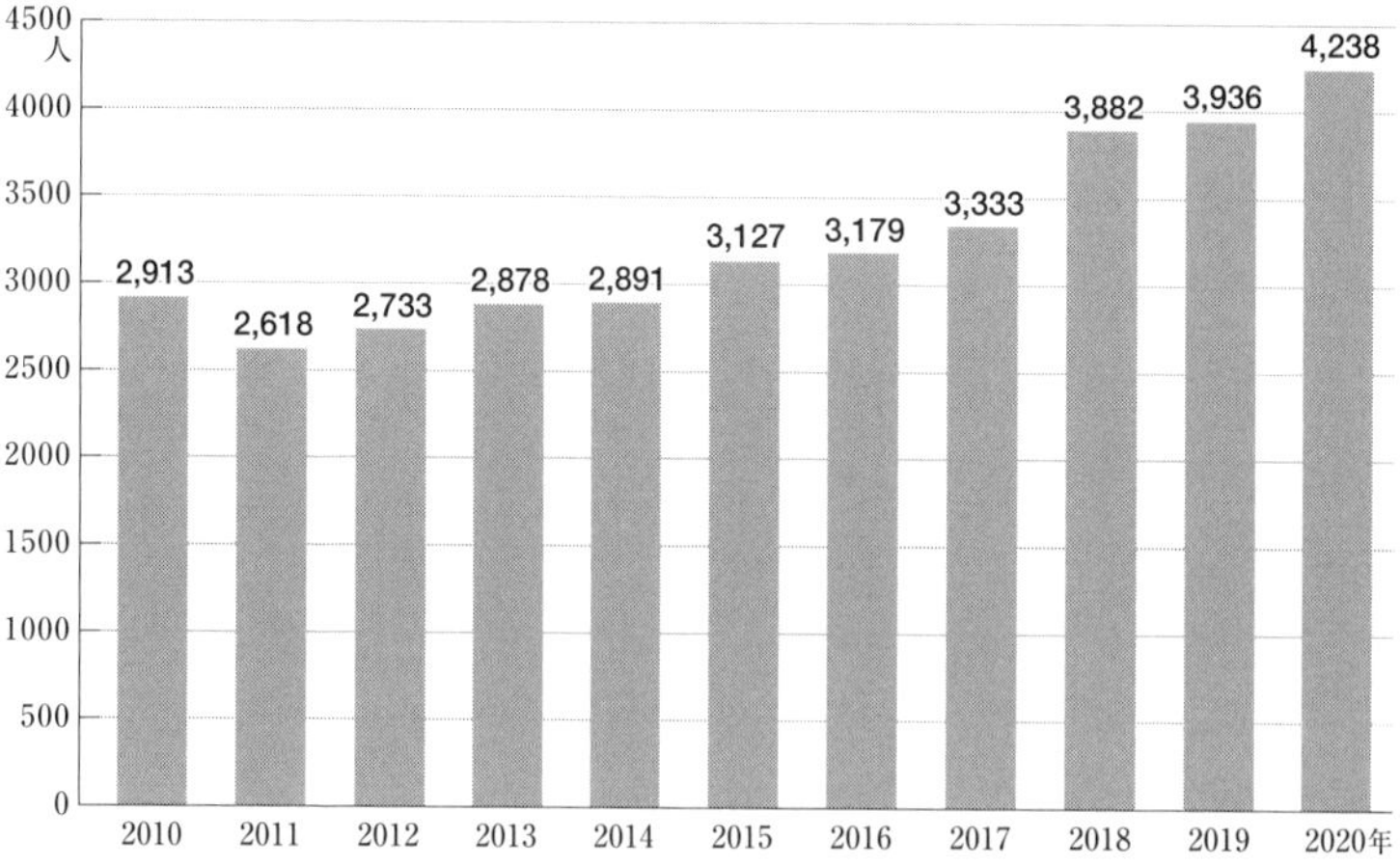

「令和2年版高齢社会白書」（内閣府）
https://www8.cao.go.jp/kourei/whitepaper/w-2020/html/gaiyou/s1_2.htmlをもとに編集部作成。

50歳時の未婚割合の推移

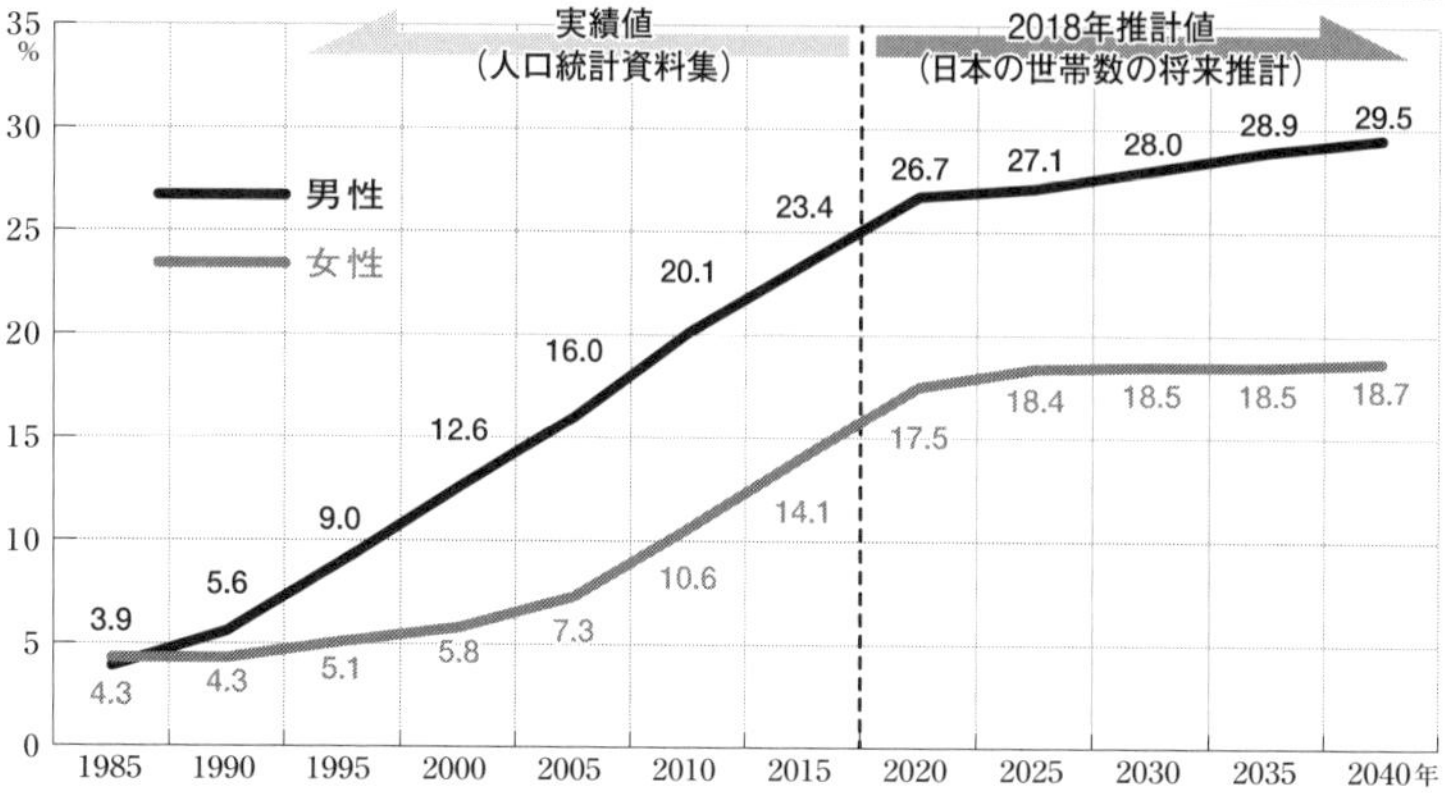

「令和3年版厚生労働白書ー新型コロナウイルス感染症と社会保障」（厚生労働省）
https://www.mhlw.go.jp/stf/wp/hakusyo/kousei/20/backdata/1-1-2.htmlをもとに編集部作成。
注：50歳時の未婚割合は、50歳時点で一度も結婚をしたことのない人の割合であり、2015年までは「人口統計資料集」、2020年以降は「日本の世帯数の将来推計」より、45~49歳の未婚率と50~54歳の未婚率の平均。

2

勝ち組にも負け組にも
なりたくないだけなのに

当たらぬ未来予測、不安定がゆえの不安

山が好きで温泉が好きで、いずれは長野の伊那《いな》あたりで悠悠閑閑《ゆうゆうかんかん》と暮らしたいなあ、なんて漠然と妄想していましたが、それはあくまでも老後のお話。多くの親戚や友人は東京で生活を営み、仕事も東京にしかないのが現実です。何も考えず故郷を離れるには、年齢的にもリスクが高すぎます。

そもそも自分には地域社会が必要なのではないかという仮説に立ってみたものの、今まで私は未来予測をことごとく外してきました。

20年ほど前、ユビキタスという言葉を知ったとき、今後は場所や時間にとらわれない働き方が可能になるから、東京の一極集中は終わるものと思っていました。どこにいても自ら発信できるようになるので、きっとそれぞれの地域で独自の文化が花開き、これからは地方が楽しい時代がやって来る。私も今の企業にとどまる必要はない、好きなことをして好きな場所で生きていこうと、意気揚々と安定を捨てて大企業を辞めたのです。

ところが、地方がどこもかしこもゆるキャラを作り始めて、私の理想郷は完全に打ち砕かれました。独自の文化どころか成功例を真似するだけで、どの地方も同じことをしているように見えました。

次に読みを見誤ったのは7～8年前。ソーシャルグッドという言葉が広がってきたので、これからは社会に貢献する事業にお金が回ってくるようになると考えました。今までの薄利多売から質を重視したモノやサービスが生まれていくに違いない、消費者も広告に惑わされることなく、自分の目で選ぶ時代がやってくるのだ！　と明るい未来を想像しました。

でも、やっぱりそんなことにはなりませんでした。質を上げるというよりも、効率化の名のもとに、さまざまなものが削られていくだけのような……。確かに無駄なものもたくさんあったのでしょう。でも、一緒に必要なものまで削られている気がします。

うまく言葉にするのは難しいけれど、「ありがとうございます」と口に出すことに意義があって、そこに感謝の意を込めることは無駄なものに分類されていくような。

なんだか、徐々に人間を人間たらしめるものが削られているような危うさを感じるようになりました。私の考えすぎでしょうか。

冗談の言えない会議なんて私にとっては地獄でしかないのですが、会議を早く終わらせることが目的なのだとしたら、私の存在は邪魔でしかありません。

そもそも、コストカットで利益を上げている企業が削れるコストがなくなったとき、果たしてどうなっているのでしょうか。既に予算カットの話をあちらこちらで耳にするなか、のほほんとやり過ごしてきた私は、なんだかやっぱり生き残れる気がしません。

そんな不安定な社会状況のなか、不安定なフリーランスという立場で、世の中はコロナ禍に突入していきました。仕事のリモート化はどんどん進んで、打ち合わせは自宅でできるようになったし、校了作業で出版社に出向くこともありません。

さらに、ファッションの仕事については、コロナの影響もあって長くお付き合いのあったブランドがふたつ消滅し、ファッション以外の仕事の割合が増えていきました。編集者、ライターという立場にあって、ひとつのジャンルに特化していないことをコンプレックスに感じていましたが、まさかここにきてそれが功を奏するとは。いいか悪いかは別として、気づかぬうちにリスクが分散されていました。

そして、フリーランスの仕事仲間にも変化が見えてきました。持続化給付金によって、過去最高益になった人もいれば、あれがあって救われたという人も。忙しい友人は相変わらず忙しいけれど、以前は人気者だったはずなのに仕事が激減したという友人の声もちらほら耳にします。もしかして、仕事自体のパイが減って、弱肉強食が加速しているのかも？

これはまずい。まずすぎる。

私が弱肉強食の沼に浸かっていた時期は2回ありますが、いずれも、とんでもないストレスを抱えていました。あの頃には戻りたくないと、今でも思います。

出世欲など何もない。中の中の心地よさたるや

1回めの沼は、小学校高学年の頃。

その頃通っていた進学塾では毎週日曜日にテストがあって、月曜日に順位が壁に貼り出され、クラスはもちろん、座席も成績順に並んでいました。

一番上のクラスは「特冠」と名付けられ、以下、1組、2組、3組と並んでいきます。今考えれば、それこそが塾側の狙いなのでしょうが、一度、特冠クラスに入ってしまうと、恐ろしいことに、小学生にして自ら〝特冠から落ちることは屈辱〟と己に刷り込んでいくのでした。

ある日、掲示板に受験に関するお知らせが貼り出され、数人が集まってそれを眺めていました。するとそこに、特冠クラスの女子の頂点にいるKちゃんがやってきて、一番前で見ていた男の子に向かって、

「2組が前で見てんじゃねえよ。どいて」

とはっきり言い放ちました。彼はKちゃんの顔を一瞥《いちべつ》して、何も言わずにすごすごとその場を去っていきました。

なぜかわかりませんが、おばさんになった今でも、このエピソードを忘れられずにいます。

その後、私は入学した中学で初めての中間テストに挑み、中の中の成績に収まったことで、それまで感じていたストレスから完全に解放されました。自分は特別な冠なんかかぶっていな

くて、ただの凡人なのだとわかった途端、そこがすごく居心地いいように思えました。

2回めの沼は、いわゆるリーディングカンパニーと呼ばれる大企業に勤めていた期間です。そもそも私は、企業の大小というものを何も考えずにエントリーシートを出していて、一番早く事が進んで、内定が出た大手保険会社に入社しただけでした。

既にやや鼻息の荒い同期もぽつりぽつりといるなかで、仕事を面白くしたい気持ちはあっても、出世欲のようなものはまるでなく、しばらくして、どうやら場違いなところに来てしまったらしいことを理解しました。

みんなひとりひとり話すと、大抵はいい人なのに、組織の肩書きをつけるとなぜか異なる引力が働いているような、社内には独特な空気が漂っていました。

ある程度勉強してきた人達が揃っているわけだから、全員野球という言葉を知らないはずがないのに、同じ会社のなかで、人も部署も協力ではなく競争をしているような。そして、これは一度めの沼と同様、競争しているのではなく、させられているのだと感じていました。

せっかく仕事自体は面白いのに、別のストレスが日に日に重みを増していき、同じ大学の同期が自殺したのを最後のひと押しに、退職することを決意しました。

会社の先輩達は同期を亡くした私に、気持ちはわかると心からの同情を送ってくれるけれど、では、なぜそのようなことが起きてしまったのか、その根本となる原因を取り除く作業をする気は一切ないように見えました。

　私が退職の意を上司に伝え、義務として、辞めないように説得してきた教育係の先輩が、自分の給与明細を見せてきました。

「俺の歳になったらこんだけもらえるんやぞ。俺は、車だけが趣味やから、それさえ満喫できれば、それでええと思ってる」

「この会社に、お金以外の魅力はありますか？　もしあるんだったら、もう一回考えます」

「そんなもん、あるわけないやろ」

　ということで、やっぱり特別な冠は、重くて、ざらざらしていて、かぶり心地が非常に悪いのでした。動物が好きで獣医になった友人の冠は、つるつるしていて快適かもしれませんが、大層な目的もなく、敷かれたレールを走っただけの人間に、そんな冠は用意されていないのです。

　結局、一度も使うことのなかった有給をかなぐり捨てて、その企業をあとにし、翌日には転職先となる出版社へと出社しました。

　それができたのも、私の転職活動を、会社には内緒で進めさせてくれた上司のおかげです。今考えても、個々はいい人ばかりでした。

食いたくも食われたくもない人間の処世術

忙しくもさまざまな経験をさせてもらい、陽気に過ごした出版社時代を経て、生活サイクル含めフリーすぎるフリーランスになって、私なりに満タンに充実した日々を送ってきました。なのに今さら、今度はフリーランスとして、弱肉強食に逆戻り？　あるいは社会全体が弱肉強食に入っていくのかも？

あんな思いをするのはもう懲り懲りです。茨の道は避けるに限る。ストレスこそが、すべての病の源なり。

熾烈《しれつ》なお受験戦争をくぐり抜けたものの、大企業の出世争いからは、ほぼ入り口にすら立たずにいち抜けを表明した私は、今さらそんな世界に足を突っ込むどころか、足の指先すら浸したくありません。狡兎三窟《こうとさんくつ》、逃げることも戦略です。

じゃあ具体的に競争ではなく助け合いの文化に身をおくと考えると、やっぱり答えは地域社会に戻ってきます。

たとえば、電化製品は多少高くても、壊れたときは修理に来てくれる地元の電気屋さんで買う。その電気屋さんは地元の喫茶店で珈琲を飲んで、その喫茶店の店主は地元の本屋さんで本を買って、その本屋さんがまた地元の電気屋さんで買うといった、昔ながらの流れで循環しているような、小規模な経済が回っている地域もまだ残っているはずです。

欲まみれの価格設定ならさすがに手は出しませんが、ネットで血眼《ちまなこ》になって一期一会の安い店を探すより、基本的には「その後の面倒も見てくれる○○さんのところで買う」ことのほうが、今の私にとっては健全な気がしてきました。

「先日、急に脚に痛みが走って曲がらなくなったとき、この程度で呼べる近所の友人がいなくて、結局親に来てもらった」と話す43歳の男友達。

「学区が違うのでママ友ができない。リモートワークが進んで、日中話す人がいない」と嘆く同級生。

「親が遠くに住んでいて、旦那も子育てに非協力的。自分も仕事があるのに」と愚痴る同業の先輩。

こんな悩みも、ご近所さんの機能が働いていれば解決できるのではないでしょうか。私がそれぞれの隣に住んでいれば、病院まで連れていくし、一緒に世間話をするし、たまには子どもを預かるし。

そんな場所が見つかるかどうかはいざ知らず、東京の仕事を受けて、その地域で消費することで、収入が多少減ってもその循環の一部になれるような気がしてきました。使う分だけ、それが目に見えない形だとしても、ちゃんと地域社会の繋がりという形で返ってくればいいわけです。

多少弱くなっても、食われない場所を探さねば。

本当の本当の本当に東京を離れても大丈夫？

しかし、先述した通り、私のこれまでの予想はほぼ外れてきたので、もはや自分を信用できずにいます。

勢いで移住を決めた結果、仕事がまるでなくなるかもしれない。

私が移住したのち、東京がどんどん面白い都市に変化するかもしれない。

移住先の人間関係が思うように築けないかもしれない。

移住に向けて、背中をぐいと押してくれる、信頼できる人が描いた未来予想図がほしくてたまりません。友人に移住を考え始めていると話すと、反応は大概、

「綾ならどこでも生きていけるよ」

というポジティブなものでしたが、みんなの感覚的なものでしかない〝綾なら〟が何を指しているかもわからないし、言うても所詮は他人事。

一方で、「綾には絶対に無理」という意見もあって、むしろそちらのほうが、信憑《しんぴょう》性が高いように思えます。お互いまだ駆け出しの頃から知っているフォトグラファーの友人は、散々都会の利便性と、自由と、個人主義に浸かってきた私が、そんな場所で生きられるはずがないと、早くも烙印《らくいん》を押しました。

東京は生まれ故郷で、刺激もある。友達もいる。本当にここを離れてもいいのだろうか。

とはいえ、私は東京の変化も感じていました。

私が二十歳《はたち》だった頃を振り返ると、街にはそれぞれ異なる個性があったように感じます。渋谷はカルチャーに飢えた若者が集っていたし、原宿はファッションがアイデンティティにありました。新宿は駅に降り立つだけでヒリヒリとした空気に包まれていたし、下北沢は古着と音楽と酒が主成分。その街その街で歩くときの気分が違ったし、その街に足を踏み入れること自体が楽しみでした。

でも、いつしかどこも駅直結のビルが建ち並ぶようになって、その街の個性となった小さなお店や個人店が少しずつ少しずつ減ってきているように見えます。

とても便利で、とても綺麗で、とてもスマート。昔はよかったなんて言いたくないし、言う気もないけれど、でも、私にはそれがつまらないのです。多様性という言葉だけが叫ばれながら、どんどん画一化しているように見えます。そしてこれは、ゆるキャラ現象と通じるものを感じずにはいられません。

海外に長く住んでいる友人いわく、「本来データとは目的に至る手段のひとつでしかないのに、日本人はマーケティングを信奉しすぎている。データ自体を目的だと勘違いして、もともとの価値である目に見えない面白さや楽しさを削っているように見える」とのこと。思い当たる節があちこちにあります。

面白さや楽しさや刺激といった東京の魅力がなくなっていくなら、何を迷うことがある、とっと動いたほうがいいと、頭のなかで警告音は鳴り響きます。

私が居心地よくいられる東京は、将来にあるのだろうか。

そう思ったとき、以前、〝これからの価値観〟をテーマに一度だけインタビューした林厚見《あつみ》さんの言葉が蘇りました。

「東京には、いずれスラム街ができるかもしれない」

これは、紙面には掲載しなかった言葉です。

可能性ある未来について語ってもらう企画だったので、当時はそのコメントについて掘り下げませんでしたが、今思えば、もっと突っ込んで聞いておけばよかったと後悔しました。林さんの未来予想図が見てみたい。

善は急げと過去の名刺を探って、直接アポイントを取ってみることにしました。

3

始まりは30年後。それじゃ、もう遅い

遠くまで見渡せる人の未来予想図とは

インタビューを受けていただいた林さんが手がける「東京R不動産」は、早くから東京の空きビルに着目し、大手は相手にしないような変わった物件を見つけては、それを欲している人に繋いでいく形で業界の隙間を埋めるように成長していきました。

R不動産を立ち上げた当初は、まだネット環境がそこまで整っていなかったとき。林さんはそれまで、きっと大きな案件ばかりを担当してきたはずなのに、自転車で街を回って、アポなしで交渉しながら物件を見つけていたそうです。

不動産を紹介するときも、その住居のストーリーや活用方法をともに紹介するなど、暮らす人の気持ちに寄り添った取り組みをしています。他にもｔｏｏｌｂｏｘというＤＩＹ商品を販売して、人によって好みは違うことを前提に、暮らす人に主導権を委ねる家づくりを提案。不動産をベースにさまざまな展開を続ける林さんですが、インタビュー時に「面白いと思うことしかやらない」と話していた通り、どんどん事業を拡張しているというよりは、ゆっくりゆっ

くり広げているように見えます。

以前インタビューをしたとき、林さんには私に見えていない何かがとっくに見えていて、既にもっと先を考えているようでした。コロナ禍で社会不安が広がるなか、林さんがさりげなく言っていた「東京にはいずれスラム街ができるかもしれない」という言葉は前倒しになったような気がします。そして、実家界隈の高層マンションとシャッター商店街の混在は、いずれスラム街ができるという予測と何か絡み合っているようにも思えます。

なぜこのような現状に至っているのか、今度はテーマを変えて、これからの東京と、地域社会の変化についてお話を伺いました。

それでもやっぱり都市への集中は続いていく

――最近、移住の話もよく耳にするようになりましたが、都市と地方でどのような変化が起きているのでしょうか？

「生き方や価値観に未来を指し示すあり方が、都会ではなく地方に存在するようになってきたということで、これはある意味初めての動きだと思います。ずっと都心集中が進んできて、最近ごく一部の動きとして、ウェルビーイングや新しい価値観をイメージしたときに、地方のほうが面白いと考える人が出てきました」

――確かに周辺でも、地方に行って畑を始めたり、実家に戻って家業を継いで新しい形にしたりする人の話をよく聞くようになりました。

「本来クリエイターと呼ばれる人達は、〝もっと世の中がこうあったらいいのに〟という気持ちを形にしていく人達のことですが、70年代や80年代の〝もっと感覚的に豊かだったらいいのに〟という意味での〝おしゃれ〟が、クリエイティブそのものであるように一般的には伝わっていきました。このため、以前は都会的でファッショナブルであることをクリエイティブと呼ぶトーンが強かったように思います。そこから最近になって、あるべき生き方や社会のあり方を表現したり体現したりしようと思ったときに、東京よりも地方のほうが新しい豊かさを育める要素や環境があるという考えのもと、移住を始めるクリエイティブな人達が確かに出てきました。とはいえ、全体としてはやはり都市集約が進行していくと思います」

――一部の人達が地方に新たな価値を見出して移住しているものの、全体のトレンドとしては二極化が進んでいくということですね。都会に関していうと、なんだか最近、街が歪《いびつ》になってきた気がします。どこも同じように見えるし、個性がなくなってきました。

「今の状況において、不動産会社が利益や株価を維持するために何をするかというと、たとえば無駄なスペースを削ったり、高い家賃を出せるチェーン店を入れたりするほうが、やっぱり楽に利回りが高くなるから儲かるんですよね。ただ一方で、大手資本もマーケットの支持を得るために、たとえばスターバックスも京都の町家をそのまま使ったりするようになりましたよね。渋谷も以前のようにひたすら効率を追求したビルを建てるだけではなく、街の魅力を保つための工夫をする動きが出てきています。これは、人間が求める〝最適化〟の意味が少し変わってきたということだと思うので、街も世の中も今後ひたすらつまらなくなっていくとは思っていません。とはいえ飲み屋が並ぶ横丁がなくなっていくという流れはこれからも続いていくでしょうね」

自由って素晴らしい！　の裏に潜む影

――効率的にお金を儲けることが今までの〝最適化〟だったけど、今後はその〝最適化〟の意味が変わる可能性があるということでしょうか？

「短期最適と長期最適の話、部分最適と全体最適の話があるわけです。たとえば、『儲かるかわからないけど、面白いことをやること自体が人を惹きつけていって、最終的に価値になるんじゃないの？』という発想は長期最適の話です。でも、長期最適ではうまくいくことよりうまくいかないことのほうが多いと指摘され、結局コストカットのような短期最適を強いられてきたという問題はひとつあります。ただ、それだけでいうと、長期とは言いませんが短期で考えている企業ばかりではありません」

――では、他にどのような問題があるのでしょうか？

「もうひとつの大きな問題は、ヨーロッパと違って、日本には全体がよくなるようにするルールや慣習が少ないということです。たとえば、『ここを公園のような緑地にしたら、みんなにとっていいよね、地域全体の価値が上がるよね』と考えたとしても、自分の土地を緑地として提供する人は儲からない。それぞれの土地の持ち主は、全体のことでなく自分のことだけ考えざるを得ないわけです。本来、街全体を面白くしようと考えたら、ここの裏道横丁は開発してはいけないんだけど、そうすると開発できない人は損をするから、その分、その人には別の資金が注入される。そういうことがない限り、企業は裏道横丁を潰して儲かるものを建てようという発想になるので、全体最適にならないんです」

――社会的に必要とされているものを作っても、お金が入る仕組みがないから作らない。

「たとえば、キャンプ場の水場の近くは、ある程度広くあけておかないと、みんな困るじゃないですか。テントが水場ギリギリまでぎちぎちに押し寄せていたら、みんなハッピーじゃないですよね。でも、日本の法律というのは〝私権〟を制限しない考え方がベースにあるので『みんなのためになるから、あなた、ちょっと我慢してよ』ということはできないし、『みんなのためにフェアな方法を考えようよ』と言い出すことも大変だったりします。不動産や都市計画のルールは、ある程度の制限はあるものの、あとは自分が持っている土地は自分の好きにやるんだ、という世界なんですね。そうして日本は自由を最大化してきたのですが、それは一方で街が面白くなることや街のいいところを残すことを捨てるという選択だったんです」

――なんだか皮肉な話ですね。しかも、自由にお金儲けができて、かつ、それを制限するルールがないとしたら、やっぱり都会は弱肉強食がより一層激しくなっていきますよね？　私は、大金持ちになりたいわけでも、清く貧しく生きていきたいわけでもなく、ただ中間層をゆらゆらしていたいだけなのですが……。

「全体で見ると、東京では二極化が進んでいくので、不安定さと不安が高まっていくなかで、中間層の幸せが見えにくいということはあるかもしれません。今後も東京はマーケットの動きによって良くも悪くも最適化されていきますが、地方は最適化されていかないかわりに廃墟が増えていきます。でも、理屈や効率だけじゃなくて、結果的にいい街、魅力的な街にするために、新しいルールを作ることにおいては、むしろ地方のほうがやりやすいかもしれません」

――その東京の二極化の流れは止まらないんですか？

「成長と最適化というものは、基本的にセットなんです。生物の本能には〝個体の生存可能性を高める〟ことと〝種の繁栄〟のふたつがあります。そのためには何をすべきかというと、富を蓄えていくことと、技を磨くことになります。これって、資本主義とテクノロジーですよね。テクノロジーの発達によって生産性を上げて、富の蓄積を可能にし、かつその富を貯めておける仕組みや、それを増やすダイナミズムを作る。そういう意味でいうと、今の社会は生物の本能に沿った合理的なものだという説明が可能になります。でも、僕はそれが30年後くらいに大きく転換するんじゃないかという雑な仮説を立てています」

自分達の幸せを自分達で決める共同体の存在

——30年の間に人間の本能に従ってどんどん二極化は進んでいくと。それにしても大きく転換するのが、なぜ30年後なのでしょうか？

「我々はもう物質的な成長や猛烈な技術進化は要らないのではないかと思う面もあるでしょうが、途上国の人達はまだ当面は『もっと豊かになりたい、経済成長したい』と思うでしょう。でも彼らが『もう十分幸せだから、これ以上はいらないです』っていうところまでいけば変わると思うんですね。それが30年後くらいなのではないかなと思っています」

——中間をゆらゆらしていきたい私には絶望しかないのですが。何か希望を……。

「個体の生存可能性を高めて、種を繁栄させるためには、富を貯めて生存可能性を高めることと、技を磨くことがあると言いましたが、実はもうひとつあるんです。それは〝連帯する〟ということ。人と人が共同体を作ることで、種を繋いでいくことができるのですが、今、ここができていない。最近、僕は〝多世代共生〟という優等生的な言葉を自分のテーマにしつつあります。20世紀が作ってきた都市は、自由で孤独な世界なので、居住環境と街を再編して、共生型都市へのシフトを考えています」

——結局、人間とて、どこまでいってもただの生き物であることから逃《のが》れられないんですね。

核家族化にしろ、地域社会の縮小にしろ、確かに個人の自由が進んだ結果、人と人との繋がりが薄れて孤独が生まれやすい環境になってきた気がします。

「よくコミュニティ論でも言われる話ですが、人間は自分で暮らせるときはひとりで面倒な付き合いをせずに暮らしたいんですよ。別に同じマンションやご近所同士じゃなくても知り合いは作れるし、家の目の前に職場があるわけでもない。だったらそりゃ気楽なマンションがいいよねっていう話になるのですが、最後の最後でハタと気づいたときには孤独に陥っているという人は増えていくと思います。そこで突然、老人ホームというシェアハウスに入ることになるわけですが、なんだか不自然ですよね」

——そもそも地域社会として〝連帯〟しておく必要があったということでしょうか。共生型都市というのはそれと同じようなものですか？

「たとえば住宅の話でいうと、北欧を中心に広がっているコレクティブハウスというものがあります。シェアハウスではなく、それぞれの家の生活空間が個別に完結していて、同じ庭を囲んでいて、共有部もある。共有部を使ってもいいし、使わずに家にいても構わない。そのうえで、研究を重ねたルールがあるんですね。そこにあるのは、誰かが事業主として他の人に提供するのではなく、みんなで組合を作ってみんなで守ろうという協同組合的な考え方です。行政が補助もするけど、基本的には自治。そこに住んでいる自分達の幸せを全体最適、長期最適で考えよう、ということを徹底していて、スイスやオーストリアではかなり発達しています。これから進めるべきは、コレクティブハウジングのような住み方であり、さらに言えばコレクティブ社会に向かって、住宅像から社会像まで変えていくべき時代だという感覚でいます。そしてそれが、日本の地方にはできるかもしれないというのが僕の希望です」

30年後を見据えた私なりのサバイバル

どうやら、東京では30年掛けて二極化が進んでいき、中間層としての幸せを感じづらい時代になる、その間に地方では小さな地域で少しずつ新しい価値観が生まれていくようです。30年後というと……72歳。おーい！

でも、見て見ぬふりをしていても、じわじわと進行しているのはわかっています。

経済学者の森永卓郎さんが、『年収300万円時代を生き抜く経済学』を出版したのが2005年。そして、2021年の夏、書店で目にした森永さんの著書のタイトルは『年収200万円でもたのしく暮らせます』でした。全体の賃金が落ち続けているのは指標を見れば火を見るよりも明らかですし、子ども食堂なんて言葉が聞こえ始めたのもここ数年のこと。

一方、日本の富裕層も過去最多人数となり、東京は世界でも富裕層が多い街ランキングの2位につけています（英国コンサルティング会社「ヘンリー＆パートナーズ」2021年）。これはどう考えても、中間層が富裕層と貧困層のいずれかに引っ張られているということで、当然貧困層のほうがその数が多いからこそ、森永さんの著書のタイトルも変わったということです。

現代社会が何に価値を置いて、どこへ向かおうとしているのか、よくわからなくなってきました。スラム街がある東京のほうが素敵なの？　確実にわかるのは、これから東京なりの最適化が育む価値観は、私のような競争に燃えないタイプには向いていないということです。地方のほうが少子高齢化が進んでいるなんてわかっているし、行ったところでその新しい価値観とやらで生きていける確証もありません。実際、林さんも地方には廃墟が増えると言っていて、それは今も進行中の事実です。

でも、林さんの未来予想図は、私の感覚でしかない予想が決して誤っているわけではないという自信を与えてくれました。林さんの話に出てくるコレクティブな考え方がまだ生きているのは、自治会というものになりそうです。

たとえば、新たにゴミステーションを地域に作ろうという話になったとき、○○さんの家のおばあちゃんは足が悪いから、そこの近くにしましょう、という考え方が恐らく全体最適というもので、確かに理にかなっているし、小さな共同体だからこそ出てくる発想なのだと思います。

経済とは経世済民《けいせいさいみん》。世を治めて民を救うもの。

その考えが興味深くて、受験のときは経済学部や経済学科ばかりを受けたことを思い出しました。大学では専ら人生勉強に終始してしまったことはさておき、まだ間に合うかどうかはわからないけれど、地域社会の繋がりを深めて、地域経済に寄与することは本望です。

この先30年掛けて進行する弱肉強食社会のなか、自由が生み出していくビジネスよりも、産業を支えることのほうが必要に感じます。〝業〟とは暮らしを支える仕事。東京の仕事を受けながら、地域で業を産む人に支出する。強きも弱きも生き物の本能として連帯を深めながら、何かあったときはお互いによろしくね、多少の失敗は笑って許し合いましょ。何か、見えてきた感じがします。

子どもの頃から町内会の催し事にすら参加したことがないし、しかもフリーランスになって14年目。バツイチになって8年目。個人の自由を謳歌しまくってきた私が、共同体で生きることを苦痛に感じるくらい往々にして考えられます。それでも、30年なんて待っていられません。このまま指をくわえて、弱肉強食の渦に巻き込まれていくくらいなら、むしろ30年後に向かって今から種をまき始めておいたほうがいいのではないでしょうか。

サスティナビリティからきた発想でもなく、地方に自己実現を求めたわけでもなく、得意の「逃げるが勝ち」戦法による移住計画。忍耐力も根性もとっくにありません。なんなら最初から持っていなかったのかもしれません。

とにかく早いほうがいい、思い立ったが吉日と、まずはどこに移住するかを考えることから始めることにしました。

4

親も旦那も子どももいない、自由すぎる私の移住先

「お金」とは目的なのか、手段なのか

気持ちはすっかり移住へと傾いたものの、さて、どこに住もうかと考え始めると、まるで見当がつきません。登山をすることもあり、長野が大好きだったのですが、じゃあ生活ができるかというとやっぱり想像ができないのです。今まで散々全国を旅してきたのに、結局、私には地方との繋がりがまったくないのだと気づきました。

そんな曖昧な気持ちを抱えて都会生活を送るなか、共通の知り合いがマンションを買ったと友人から聞きました。場所を聞くと、その人に縁もゆかりもない山手線の駅で、何があると聞かれても、私にとっては亡き母の病院があった場所で、かれこれ四半世紀以上、ホームに降り立ってもいません。そのくらい、山手線のなかでも絶妙に地味な駅でした。

なぜその場所にしたのか聞いたところ、「将来的に地価が下がりにくい場所だから」だそうで、私はその理由を聞いて愕然としました。

お金というものは、豊かな生活を築くためにあるはずなのに、お金のために生活の基盤とな

る場所を決めるなんて本末転倒もいいところ。でも、最近はこのような話をよく耳にするようになりました。

私が目黒のマンションを買ったのは、同じマンションのひとつ下の階に10年間住み続けた結果、ここが大好きで、これ以上の場所が見つかる気がしないという思いに至ったからです。でも、家を買ったというと「まあ、目黒だったら大丈夫でしょ」と物知り顔で語る人が必ず現れます。かくいう私自身も、もしかしたら心のどこかにはそんな気持ちもあるのかもしれません。

そんな邪《よこしま》な自分がいたとしても、やっぱり家というものの本質は、人間が物を食べ、眠りにつき、生きる源になる場所です。将来的に資産になるという観点で、命が宿るある種の生命体のような「家」を購入することが、人生において本当に豊かなことなのか。改めて考えてみても、お金のために自分にとっての最上の生活を犠牲にする感覚が、私にはまったく解せないのでした。最初から売るなり貸すなりするつもりの家に、なんの愛着が湧くんだろう。何より、愛着という感情は、とても心地よいものなのに。

目的と手段を決して履き違えることなかれ。

改めて、私にとっての〝豊かさ〟とはなんぞやと考える機会を与えられた気がしました。

なんとなく、今、世の中の価値がお金にあるような気がしています。いつからか、顧客満足度という言葉が世間からどんどん消えていってはいないでしょうか。

たとえば、顧客満足を考えれば、タクシーのなかで客に広告を見せようなんて発想は生まれないわけで。つまり、そこで過ごす人にとっていかに心地よい空間を作るか、という考えではなく、客を活用して儲けようという考えだからこそ、その発想が生まれたのだと思います。

そして、なんとなく投資しないといけない雰囲気が世間に漂っています。誰かが不動産を買った、米国株が熱い、ＮＩＳＡにｉＤｅＣｏ……、昔のお父さん達はやっていても投資信託くらいで、株だの、当時はないにしろ仮想通貨だのに手を出していない人が大半だったのではないでしょうか。ましてや、国から自分で資産運用しろと言われる時代が来るだなんて。

保険会社で働いていた頃、保険会社とは相互会社で、顧客から集めた保険料を適切に運用する必要があるから、リスクが高い株式への投資は制限されると教えられました。でも、その会社は今では「物言う株主」になろうとしています。国へ出向する人達もたくさんいるなか、何を牛耳ろうとしているのか、とても不安な気持ちで見ています。

その企業に未来を感じて、穏やかにでも成長していくだろう、それを応援したいし、きっとリターンもあるという長期投資こそ真っ当な投資だと思っているのですが、今広がっている個人投資家の投資への考えは投機でしかなく、真っ当な投資には見えません。

簡単に手に入ったものは、失うのも捨てるのも簡単。

そんなことをしているより、仕事をしているほうがずっと豊かだ。

自分が本来、何をもって豊かだと考えるかを意識しないと、世の中の空気や、他人の感情や、メディアの誘惑になんとなく流されて、なんとなく自分の価値観を形成されてしまうことも、ままあるのではないでしょうか。人間なんて、そんなもん。

個人的な豊かさから導く自分の住処《すみか》

世間や他の誰かではなく、私の豊かさとは何なのか。

移住を考えていると話すと、地方出身の人から「車じゃないとコンビニにも行けない」と東京の利便性の高さについて語られます。では、便利なことは豊かなのかと聞かれると、やっぱりいまいちピンときません。

クラウドのほうが便利じゃん。でも、私は手帳に書くのが好きだから。

タクシーのほうが便利じゃん。でも、私は歩くのが好きだから。

新幹線のほうが便利じゃん。でも、私はこの風景が好きだから。

どうやら私は、便利であることに大して豊かさを感じていないようです。確かに、グーグルカレンダーのほうが便利かもしれませんが、あの、支配されている感じがなんとも苦手です。ベルを鳴らされれば、それでいそいそと出ていくような従順な人間ではないのです。

一方、手帳は時間を管理している感覚になれます。それに、クオバディスの真四角いフォルムが大好きだし、手帳を買うと年末だなあと冬が染み入る感じも大好きだし、私はそんなことに豊かさを感じているような気がします。

いつの間にか、新しいことがカッコいい時代は、私のなかでとうに終わっていて、既にあるもののなかから自分が好きなものをいかに選択できるかにシフトしていました。打ち合わせなどもＺｏｏｍがいいときもあれば、会ったほうがいいときもある。あくまでも、状況に合わせた選択が大事なのであって、私にとって必要なものは既に目の前に揃っています。

豊かさを基準に住む場所を選んでみるかと思いつくと、「仕事で東京にも来るだろうから、多少なりとも東京に近いほうがいい」という考えも吹っ飛んでいきました。でもそれは、今まで以上に選択肢が増えるということでもあります。フリーランスで旦那も子どももいないと、誰も私を止めてはくれません。自由すぎても問題なのです。

とはいえ、自分しかいないわけだし、自分本位な制限で前向きに選択肢を減らしていくことにしました。とりあえず、どんな生活がしたいか思いつくままに書き出してみます。

・いっぱい寝たい。
・美味しいご飯がたくさん食べたい。
・海より山。
・毎日、いい感じの硫黄泉に入りたい。
・水道水をガブガブ飲みたい。
・隣家に憚《はばか》ることなく音楽を聴きたい。
・夜は星が見たい。

なんだか、中学生が考えそうなことばかりが出てきましたが、最初の2行を眺めながら、あぁ、私は生活というものをほったらかしにしてきたんだなあと気づきました。

日々睡眠不足で、食生活もぐっちゃぐちゃ。私の救いは、歩いて5分の場所に馴染みの定食屋があることだけでした。自分の年齢を考えても、いい加減、見直す時期がきたのかもしれません。そういえば、健康診断に最後に行ったのはいつだっけ。

ただの本能的な欲求に紛れて、唯一「硫黄泉」というキーワードが出てきたので、これを軸に考えてみることにしました。温泉に心を奪われて、早16年。登山も趣味のひとつではありますが、疲労困憊で温泉に入ったときの快楽を味わいたくて登っているといっても過言ではありません。

あるときは60年代のボンネットバスに揺られて吹雪の松川温泉へ、あるときは噴火で崩れて本来は使用禁止の寝待温泉へ、全国津々浦々の温泉を巡ってきました。数々の経験を経て、どうやら自分には硫黄泉がいいらしいという結論に至り、コロナ前は硫黄泉を探しては、3連休があると温泉を拠点に周辺の絶景にも行ってみる、という旅ばかり繰り返していました。

行ったことがあって、いい硫黄泉があるところでパッと思いつくのは、北海道、青森、秋田、宮城、群馬、栃木、長野、長崎、鹿児島……。あ、鹿児島。

縁というものは存在するのかもしれない

ほとんどの親戚は東京にいると書きましたが、ある程度近しい親戚のなかで唯一、大叔母一家が鹿児島に住んでいます。移住と考えたとき、あまりにも遠くて九州という考えはありませんでしたが、距離を考えなければ、繋がりがあって、霧島温泉という名湯があります。その時点で鹿児島には5、6回は行っていましたし、まったくの無知というわけでもありません。

そして、この親戚とは面白い関係を築いています。

従伯父《いとこおじ》にあたる大叔母の息子兄弟とは小さい時分に遊んだ記憶はありますが、随分と長い間、疎遠になっていました。祖母の死をきっかけに、また当時のような関係を取り戻し、クラシック好きの松平兄ちゃんが東京にコンサートを観に来るときや、私が鹿児島周辺を旅するときには、お互い立ち寄って、たまにご飯を食べる関係がここ数年続いていました。お兄ちゃんと言っても、もう還暦過ぎ。それでも、私にとっては子どもの頃と同じ勉強オタクのお兄ちゃんです。

以前、その松平兄ちゃんが東京に来るということで、一緒にご飯を食べることになりました。その日のバルトークの演奏がいかに素晴らしかったかを熱っぽく語るお兄ちゃんの話をわからないながらも楽しく聞いて、また会おうと別れて電車に乗ると、実兄からＬＩＮＥがきていました。

「なんかあった？」

はて、何のことやらと電車を降りて電話してみると、私から着信があったというのです。自分のスマホを見てみると、確かに私が兄に電話したことになっていました。でも、その時間は松平兄ちゃんがバイオリンの音色について語っている最中で、私はスマホに一切触れていないのでした。

ちょうど、インタビュー相手の怪談本を読んでいる最中だったので背筋が凍りましたが、兄は冷静にひと言、

「坂口だね。家のこと、ちゃんとしよう」

と言いました。

坂口とは祖母のことで、私と兄は祖母が亡くなってから家の整理もせずにほったらかしにしていたのです。

私にはスピリチュアルとかはよくわかりませんが、そんな兄の言葉をなぜかすんなり「きっとそうなのだろう」と思い、そのまま遺品整理の日程を兄と決めました。そして、一緒に遺品整理を始めた当日の朝、父は自宅で亡くなって、私達は父をその日のうちに見つけることができたわけで、なんだか不思議な縁を感じてしまうのでした。

鹿児島で生まれた祖母は、若いときに結婚して母を産みましたが、当時では珍しく家に入りたくない、仕事がしたいと離婚して、お琴の先生として人生を全うしました。きっかけはわかりませんが、東京に母とやってきて、そこで父と母が出会い、今私も東京にいます。祖母より母のほうが先に亡くなり、ずっと、お弟子さん達が私達以上に祖母の身の回りの世話をしてくれました。

「私は鹿児島のお墓に入るのよ」と祖母が言っていたことを兄が記憶していて、お骨の半分は東京に、半分は代々の鹿児島のお墓に入ることになりました。分骨をすることになったのは、お弟子さん達がお墓参りに行きたいと言ってくれたからです。祖母の邦楽への愛情を継ぐように兄は尺八の道へと進み、一種の師弟関係のような形となっていたため、そのお弟子さん達の気持ちもわかるのでしょうが、私にとっては普通のおばあちゃんです。

兄には厳しかった祖母は、私に会うといつも、

「仕事の調子はどうなの?」

と聞いてくるので、そのときやっている仕事の内容ややりがいを伝えると、

「あんたは、それで宜しい」

と言うだけで、料理がそんなに好きでもないのに、私が好きなおかずを作ってくれるのでした。大企業を辞めて出版社に転職したときも、離婚をしたときも、

「あんたはそうすると思ってた。それで、仕事の調子はどうなの?」

と言って、私の生き方に文句も言わないし、提言をするわけでもありませんでした。

私はそれが心地よく、祖母のことを一番の理解者だと思っていました。多分、兄や私がいなくとも、祖母は生きていけたのだと思います。体の調子が悪くなってからも、祖母が築き上げた共同体はしっかりと生きていて、教えているというより介護を受けている状態になっても、お弟子さん達は弟子としてずっと祖母の傍《そば》にいてくれました。

納骨のときに行った祖母の墓は、鹿児島市内の高台にあって、市内全体を見渡せるとても気持ちのよい場所でした。そりゃ、ここに入りたいって思うわな。

鹿児島市には、祖母が結んでくれた縁のようなもので、繋がりを取り戻した親戚がいます。鹿児島における繋がりを既にたくさん持っている人が近くにいるのは、何かと心強い気がします。

硫黄泉があるのは、鹿児島市内から車で1時間ほどの霧島市で、ご飯が美味しくて、山があって、硫黄泉があって、水道水がガブガブ飲めて、隣家に憚ることなく音楽を聴けそうで、夜は星が綺麗な場所。

完全にダークホースだった鹿児島が、移住先の候補として急浮上するのを感じました。一方で、心のどこかに、東京からそんなに離れて大丈夫なんだろうかという気持ちもありました。もちろん、仕事への不安はまったく解消されていません。

でも、気づくと物件情報サイトを開いて鹿児島にチェックを入れ、検索することが日課となっていきました。

5

世田谷ではなく鹿児島で、サザエさんの家探し

人はなぜ、噴火を繰り返す桜島の沿道に住むのか

私が生まれた町は、荒川のほど近くにある〝ゼロメートル地帯〟と呼ばれる場所です。小学校の授業で自分の家が海面よりも低い場所にあると知って、しばらくざわざわした気持ちを抱えました。妙に高い堤防を眺めては、そこを越えてやってくる泥まじりの鉄砲水に飲まれる自分を想像しては震えていました。

風のように移住先候補として現れた鹿児島は、面積の約6割が噴火のときの火砕流や火山灰などが堆積したシラス台地で、平坦地が極めて少ない場所です。

半ば遊び半分で霧島市の物件を眺めるようになったものの、どこもかしこも傾斜地だらけ。土砂崩れの映像が頭をよぎりました。

また、鹿児島の親戚に話を聞くと、場所によっては霧島市でも火山灰の影響を受けるとのこと。桜島はしょっちゅう噴火していて、私達が「桜島が噴火した！」と騒いでいるとき、現地では「だから何？」といった心境だそう。洗濯物は外に干せないし、灰と雨が混じった日は最

悪で、靴も車も汚れに汚れる。私はまだその経験をしたことがないし、〝よくあること〟なら妥協していいポイントのようにも思えません。

桜島の周りはぐるりと一周道路が走っていて、その途中に黒神埋没《くろかみまいぼつ》鳥居という火山灰に埋もれて頭しか見えない鳥居があります。大正時代に起こった桜島の大噴火は、もともとは島だった桜島と大隅半島を陸続きにしてしまうほどの威力で、神社のあった黒神村の家々もすべてが飲み込まれました。

そんな過去の事実を証明する鳥居が間近にあるにもかかわらず、その土地を愛して、根差し、その道沿いで暮らし続ける人達もいます。その道路を初めて一周したとき、しみじみ、人間はまったく合理的な生き物ではないんだなあと実感させられました。そして、だからこそ面白いのだと思います。さすがに桜島沿いに住もうとは思わないけれど、みんながみんな、タワマンに住みたいと思う世界のほうが不自然だわ。

実は、距離の問題を取っ払って移住先を考え始めたとき、最初に目に浮かんだのは青森の風景でした。十和田湖周辺の温泉郷に惚れ込んで、ひと月に2回行ったこともあるくらい、一時期ドハマりしていました。夏は活力漲《みなぎ》る木々の青さに、秋は極彩色の紅葉に、冬は雪を抱いた静けさに、それぞれ圧倒されました。そして、また芽吹きの春がやって来る。私は毎回違う場所に行くのが好きで、行ったことがない場所を旅先に選ぶのですが、その周辺は四季折々の存在が際立っていて、何度も再訪してしまうのでした。

でも、だからこそ、儚いほどの夏の短さや、降雪量の凄まじさを知っています。へなちょこが移住したところで、へなちょこはへなちょこ。雪かきに音を上げる自分の姿が目に浮かびます。変に夢を見てやる気を出さない。自分に過度な期待はしない。風光明媚な青森を、早々と候補から消しました。

睡眠時間を削る日が続くときも、頑張っている感覚があまりないのは、結局は好きでやっているからなのだと思います。自分の意に反してやらなければならないとき、自分は頑張っているという感覚に陥るのではないか。だから、私は頑張らない。今まで通り、のほほんと。頑張らざるを得なかったことも多々あるけれど、根底は大企業を辞めたときから一貫してきたように思います。自分に無理なく、楽しいことだけ。

合理的な生き物ではない私が、私なりの合理を形成していくことが大事なんだと、自分に言い聞かせるように具体的な移住先を探すことにしました。

旅と暮らしはまったくの別物だ。地に足をつけろ、藤原。

温泉&果樹園付き！　理想の家は一期一会

霧島市には、移住体験制度のようなものがありましたが、コロナの影響で中止を余儀なくされていました。試しに賃貸で数か月住んでみるという選択肢にも、なぜかいまいち気分が乗りません。

マンションを買って実際に暮らしてみて、実家とも違う居場所を見つけた安心感を知ってしまった結果、本能が賃貸生活を拒否しているのでした。

しかも物件を見ると、目黒のマンションの数分の1の金額で、何倍もの広さの土地と物件が手に入るわけで、どうしても目はそちらに向かってしまいます。買うにしろ借りるにしろ、東京での住宅費とは比べ物にならないくらい安い。しかも、心豊かにいられるであろう場所。物件を見れば見るほど、自己催眠のように「このタイミングで移住せずにいつするんだ」と、気持ちが高まっていきました。

多少気になる物件を見つけたら、グーグルマップで周辺環境を確認することを繰り返すうちに、地理関係も少しずつわかってきました。住みたい地域は空港まで車で20〜30分。東京に行くのもそこまで苦ではなさそうです。

もうこの頃には、鹿児島以外の移住先は考えていませんでした。発想として他の場所が浮かばないうえに、鹿児島のことには詳しくなっていくので、自然と気持ちが引き寄せられていきました。空き家が増えているという話を耳にするものの、売りに出されている物件はそんなに多くはありません。ましてや、自分が妥協せずに住みたい家となったら尚更です。

数は少ないけれど、もともと高校生の合宿に使われていた宿もあれば、今にも崩れ落ちそうな大正時代の家もあれば、人里離れた温泉付きの別荘もあって、中古物件ひとつひとつの個性はとても豊か。一方、新しい物件は不動産会社の建売住宅がほとんどで、強烈なオリジナリティを放つ個人の物件を見てしまった後では、なんとも色褪せて見えました。そもそも家族向けに作られた物件を買ったところで、価格が高いうえに生活にも合わないので、最初から安い中古物件を買ってリフォームすることしか考えていませんでした。

とはいえ最終目的は、居心地よくいられる地域の共同体に入ることなので、長く住むことは大前提です。あまりにも古い物件は不安ですし、せめて耐震基準が変わった１９８１年以降の物件にしようと条件を加えました。そして、これからのことを前提にすると、同時に柔軟にリフォームができる昔ながらの工法で建てられていることや、平屋であることも条件になりました。いずれ歳をとって足腰が弱くなったら2階に上がることがリスクになるだろうし、１階でこと足りるならそのほうがいいに決まっています。

平屋といえば、サザエさんの家だ。そう思って検索をかけると、ご丁寧にたくさんの人が物語から読み取った間取りを描き、なかにはジオラマを制作している人までいました。そして、私が住みたい家はこれだという確信を得ました。デッドスペースがない長方形で、縁側があって、庭が広い。どうせひとりで住むんだから、この壁を全部取っ払って一部屋にしたら、なんだかとても楽しそうです。世田谷区にあるサザエさんの家にはとても手が届かないけれど、鹿児島の山間部だったら。

現実味があるのかないのかわからないまま、情報を確認する日々を送っていたところ、ある日、これはという物件が出てきました。

敷地630㎡、建物100㎡、果樹園付き、温泉あり、650万円也。真四角の家から、渡り廊下が伸びていて、広いお風呂場だけ独立している珍しい物件でした。あとから不動産会社に聞いたところ、温泉には近所の人も入りに来ていたそうで、母屋とは離していたのだとか。温泉付きの物件もあるにはありますが、ほとんどが別荘地で、一般住宅となるとそこまで多くはありません。しかも、温泉の成分によってダメージを受けている物件が多いなか、渡り廊下が功を奏して、母屋は影響を受けていないようです。

ただし、傾斜地。

その家の壁を取っ払って、広々とした空間にいる自分を想像すると夢の世界が広がっていきました。果樹園にはミカンと柿がなっています。周辺にもたくさん温泉はあるけれど、確かに毎日、自宅で入れるなんて豊かさこのうえなし。

グーグルマップで確認すると、近くに大きな病院があって、周辺は山々ですが、歩いて10分の距離に小さなコンビニのようなものもあるようです。そして、少し車を走らせれば、霧島神宮が聳《そび》えています。歴史ある神社がある場所は、昔から災害が起きにくいからこそそこに造られているわけで、そんなことも魅力に映りました。

今ある情報だけなら、傾斜地であること以外は何も問題がないように思えます。新燃岳《しんもえだけ》の影響は確認しておいたほうがよさそうですが、明らかに心が浮き立つのを感じました。

ただ、なんといっても場所は鹿児島です。内見をするにしても、じゃあ明日というわけにはいきません。仕事の状況を鑑みると早く行けても2週間後ですが、都心とは違ってそんなに早く物件が動くとも思えず、すっかり高を括っていました。

数日間悩んだのち、連絡を入れて内見の約束を取り付け、そこでの生活のいいことばかりを想像しながら当日を待ちました。果物ばかりが採れても仕方ないし、半分は畑にしようかしら。温泉の泉質は何だろう……ぽわーん。

ところが、出発の3日前になって、不動産会社からその日に内見した人が即決したという連絡が入りました。楽しい夢を見ていたのに、突然横っ面を引っぱたかれて叩き起こされた気分。妄想だけが宙に浮いたまま、すべては影も形もなくなりました。

思っていた以上にショックを受けたことで、いつの間にか自分が本気になっていたことに気づきました。そして、物件にもひとつの基準を設けることができました。これ以上に納得できる物件じゃない限り選ばない。そして、これ以上の物件だったら少し無理をしてでもすぐに現地に飛ぼう。

手段と目的を入れ替えてしまう〝物件探しハイ〟の恐怖

先の物件は、すぐに売れてしまっただけあって、やはり相当条件がよかったようで、わざわざ問い合わせをしてみようと思える物件は、その後まるで出てきませんでした。

一度、高揚を覚えてしまったせいか、実際に物件を見に行きたいという欲求が日に日に膨らんでいきました。仕事の過密スケジュールに溺れるなか、何ひとつとして根拠なんてないけれど、移住先が決まれば新しい道が開けるような気がしてなりません。

現状に満足していないわけじゃない。でも、自分にとって東京が住みにくい街になっていくのは恐らく間違いない。やはり、動かねば。何かに巻き込まれる前に、とっとと逃げよう。早く、早く。

そのとき、うっかり〝自分にとっての最上の場所〟という大前提を忘れ、物件を見つけることに躍起になって目的を見失ったように思います。

今思えば血迷ったとしか思えないのですが、なぜか鹿児島市にもチェックを入れて物件を探し始めてしまいました。おい、硫黄泉はどうした。

そして、鹿児島市に悪くない物件を見つけてしまったのです。

市内からは車で30分ほど。四角い間取りの、縁側付きの平屋。横には畑もついています。例の温泉付き物件よりも広く、鹿児島では珍しい平坦地で、周辺は畑が広がる静かな場所。

何より、私はその内装に惹かれました。普通の日本家屋ではありますが、先住者のセンスがよかったのでしょう。壁紙や床材、ちょっとした作り付けの棚など、ひとつひとつにこだわりが感じられました。几帳面だったのか、収納もどこに何が入るかきちんと考えられていて、今持っているものをすべてしまい切っても余裕で余りあるほど。

しかし、その周辺に温泉地はなく、一番近くても車で40分もかかります。その時点でやめておくべきだったのです。しかし、〝物件探しハイ〟に陥っていた私は、不動産会社にコンタクトを取ることにしました。鹿児島のなかでは大きな企業です。

メールをすると、すぐに返事が返ってきました。現状、内見者が一組。また、いくつかその物件には告知事項がありました。

・水は落ちてこないが、天井に雨漏りの跡がある。

・100歳を超えた先住者が寝室で亡くなっている。死因は老衰。

・少量だが庭から水が湧いている。

それぞれ、針で刺されたくらいのダメージは感じながらも、惚れた男のダメな部分を見て見ぬふりをするように、勢いで内見の日程を決めてしまいました。

ひとつめは直せばいい。ふたつめは、まあ老衰ならこの世を恨んではいないはず。こんな素敵な壁紙だし。物件探しハイにあると、何かと理由をつけては見苦しく自分を納得させようとします。

ただ、3つめの湧き水だけは妙に引っ掛かりました。家の庭から湧き水なんて、なんか素敵と安直に考えることはできても、「告知事項」として知らされているからには、なんらかのデメリットがあるということです。調べてみると、植物が育ちにくくなったり、蚊の発生源になったり、基礎に腐敗をもたらすなど、あまり、というか結構よろしくない情報がごろごろ出てきます。今は、「少量だが」の言葉を信じるのみ。

雨漏り、自宅死、湧き水、第六感……見て見ぬふりの限界

待ち合わせ場所は天文館《てんもんかん》という鹿児島市の繁華街です。スーツをぱりっと着こなしたお兄さんが、颯爽と現れました。

「藤原さんですか？　今日はよろしくお願いします」

方言もなく、綺麗な標準語。

私達を乗せた車は、路面電車が走る中心部からどんどん離れて、山に向かって上ったり下ったりしながら進んでいきました。思ったよりも町が近いという印象で、確かに買い物には困らないし、近くで大手チェーンのコンビニの開店準備が進んでいます。不動産会社のお兄さんも、それをメリットとして伝えてくれるのですが、肌感はあまりよくありません。理屈というよりも、感覚がしっくりこないのです。

居心地の悪さを感じながらも、聞きたいことは聞いておこうと思いました。

「今日見るような物件は、よく出てきますか？」

「この広さで平屋はなかなか出てこないと思いますよ。それに、僕達も仲介手数料のパーセンテージが決まってるんで、このくらいの値段の物件はあまり扱わないんですよ。大した儲けにならないんで」

そう言われて、空き家は多いはずなのに物件情報があまり出てこないことに合点がいきまし

た。でも、私の豊かさを実現するために、不動産会社がウハウハできるような金額の物件は必要ないんだよな……。

心に薄く影を落としたまま現地に到着すると、早速、玄関に向かって右側に、果たして少量といえるか疑問の水が湧いていて、周辺の土や草をとめどなく濡らし続けていました。

「これが例の湧き水なんですけどね、僕は池にするといいと思うんですよね」

池？　そこら中に川も湖もあるというのに、わざわざ家に狭い池を作って魚を泳がせ、それを眺めることは豊かなのだろうか。ビオトープにして蓮を浮かべればいいのかなあ。いずれにせよ、もともと想定していなかった話で、積極的に池が作りたいわけではありません。

家のなかは、写真で見た通りのセンスがいいおうちでしたが、ところどころ床がふかふかと緩んでいるのを感じ、それを指摘すると、「床は大規模なリフォームをしたほうがいい」とのこと。ふむ。

その日は天気がいい日で、家のなかには燦々《さんさん》と日差しが入り、日当たりは良好すぎるくらい良好。周辺は畑に囲まれていて、きっと夜は星も見えることでしょう。間取りもいい。普通の日本家屋なんだけど、なんかおしゃれ。でも、一度心に住み着いた違和感が拭えません。

そして、こればかりは第六感としか言いようがないのですが、この町に来たときからずっと、何かが澱《おり》のようにゆっくりと沈んでいくのです。体調が悪いわけでもない、ただ、肌に合わない感じ。

帰りの道でも、その言葉にできない澱《よど》んだ感覚はずっと残りました。なんなら、人で賑わっている天文館に戻ってきて少しほっとしたような。

その日の夜はビジネスホテルに泊まって、翌日の朝、東京行きの飛行機で戻る予定でした。今日は早めにベッドに入って、とりあえず明日考えよう。納得はいっていないし、妙な違和感はあるけれど、わざわざこの1軒を見るためだけに弾丸で鹿児島に来たというのに、すんなりやめてしまっていいのだろうか。

気づくと私は、その日訪ねた物件の、壁が一面収納になっているだだっ広い部屋で寝ていました。すると、足が向いている奥の部屋のほうからゴゴゴゴ……という音が響き渡り、何ごとかと思って体を起こしてみると、泥とも水ともつかない濁流が迫ってきて、パジャマ姿の私を丸ごと飲み込もうと――その瞬間、目が覚めて、気づくと大量の汗がホテルの浴衣を濡らし、体はすっかり冷え切っていました。

澱んだ荒川の水が、堤防を越えてやってきた。

翌日、東京に戻ってきて、昨日会ったしゅっとしたお兄さんに連絡をして、あの物件を購入しないことを告げました。

そして、憑《つ》き物が落ちたかのように、手段と目的を見誤ったことを反省し、改めて、硫黄泉を外してどうするんだと自分に言い聞かせました。住む場所は手段であって、目的ではない。目的は、自分が思う豊かさを享受できる地域の共同体で生きていくこと。

そして、もう物件の条件はほぼ定まっているのだから、ブレずに気長に出てくるのを待って、物件探しハイで置き去りにしていた、本来真っ先に考えなければならない仕事や生活について腰を据えて対峙することにしました。

しかも、私は運転免許すら持っていないのです。まだスタート地点にすら立っていないのに、何をやっているんだ私は。すぐに合宿免許の日取りを決めると、ネット予約不可で、星の美しさを売りにしている宮崎県の自動車教習所に電話を掛けました。

6

仕事、生活費、災害対策……移住の前に考えなければならないこと

経済アナリスト・森永卓郎さんに聞く

仕事が減っても生活を充実させることは、果たして夢物語なのか

〝四十の手習い〟と合宿免許の申し込みを終え、改めて移住した場合、仕事をどうするか、生活はどう変わるのか考え始めました。

リモートワークは広がってきているものの、じゃあ私がまったく仕事で外出していないかというとそういうわけではありません。打ち合わせはＺｏｏｍやＴｅａｍｓに切り替わってきましたが、クライアントによっては会いたいという人もいるし、撮影が必要な取材もある。ファッションの仕事ではコーディネートや撮影で出かける。鹿児島に移住したら、そう簡単に東京に行けるわけでもないし、恐らくその手の仕事のオファーも減っていくでしょう。

収入が落ちることを前提にすると、生活費を抑える必要がありますが、果たして地方で暮らせば本当に生活費は下がるのでしょうか。地方での暮らしには車が必要だし、人口が少ない地域であることを考えれば国民健康保険などの保険料も上がりそうです。

自分の豊かさを享受しながら、仕事を充実させて、生活を安定させる。それがただの夢物語

なら、何かを妥協しなければなりません。

丁寧な暮らしがしたい、のんびりカフェを営みたい、自給自足的な生活がしたい、都会生活に疲れた……移住者の移住理由はさまざまあると思いますが、私はどれにも当てはまらないような気がしました。都会生活に疲れたわけではなく、東京の変化によって今後疲れていくであろうという予測に基づいた、独り者のサバイブ術なのであります。

同じような考えのもと移住した人はいないのだろうか――と考えたとき、ふと経済アナリストの森永卓郎さんが頭に浮かびました。

前述のように、森永さんは格差の拡大について早々に警鐘を鳴らしていますし、著書を読むと、現在は所沢に住んでいて、博物館を管理しながら農業をやっている様子。経済について熱く議論していたかと思えば、バラエティ番組ではひょうきんな姿を披露し、なんだかとても充実した生活を送っているように見えます。

森永さんなら、現実的で的確なアドバイスをくれるのではないでしょうか。ここは仕事の特権を利用させてもらって、インタビューをするしかない！　とオファーしたところ、すぐにご快諾のお返事をいただけました。

森永さんが考える人間の豊かさとは何か、都会暮らしと地方暮らしの生活コストや共同体についてお話を伺ってみることにしました。

森永卓郎さんに聞く、都心に住むことの大きなデメリットとは何か

――森永さんは、端から見ていると、とても充実した生活を送っているようにお見受けします。森永さんは豊かさとはどのようなものだと考えていますか？

「やはり、好きなことをして生きている人が豊かだと思うんですね。そういう意味では、都会に住んでいる人達は、今回のコロナ禍ですごく不幸だったんですよ。小さな家にずっと閉じこもっていなきゃいけなくて、感染のリスクも地方と比べればめちゃくちゃ高い。東京の最大の魅力であるお洒落なレストランや魅力的なエンターテインメントも全部閉まってしまいました。欲求不満の塊になっても、高い家賃を払い続けるためには、やりたくもない仕事を、歯を食いしばってやるというライフスタイルになってしまったわけです」

――東京の一極集中で、都会に住む人は増え続けてきましたが、ここに来て価値観が一変したように見えます。

「多分、そこに追い討ちをかけるのが災害です。私は、恐らくもうすぐ首都直下型地震が来ると思っているのですが、大都市で地震が起こるとめちゃくちゃになることは目に見えています。なぜ東京が地震に弱いかというと、つい最近まで東京の大部分は海だったんですね。だから地盤がとても弱いんです」

――以前、東京大学の地震研究所に取材したときに南海トラフの話が出て、いつ起きてもおか

しくない状況だと聞きました。

「それに、線状降水帯が東京上空に長時間停滞したら、23区の3分の1が水没してしまいます。これは大阪でも名古屋でも一緒なんですね。東京は莫大な公共投資をして、時間雨量が100㎜でも大丈夫なように治水対策をしているのですが、最近の地球温暖化でとてつもない豪雨が降るようになってしまいました。もしそれが東京で起こると、荒川が決壊します。私の東京の事務所は東京駅の近くの八丁堀にあるのですが、そこに至っては最大水深3mくらいになるんですよ」

――私の実家はまさに荒川の近くで、ゼロメートル地帯と呼ばれる場所なんです……。

「そんなすごく危険な状況のなかで、つまらない仕事をずっと続けることが本当にいいのかという話にもなってきます。私はもともと東京で生まれて東京で育ったのですが、今回のコロナを機に、東京はもうダメだと思ったのが正直なところです。ただ、藤原さんの連載を読んでみると、大都市か地方かという〝二者択一〟になっているんですけど、実はもうひとつ〝トカイナカ〟という重要な選択肢があるんです」

都会・トカイナカ・田舎。住む場所で異なる生活コスト

――〝トカイナカ〟？

「私は東京から50㎞前後離れている、道路で言うと圏央道が走っているあたりの場所を〝トカ

イナカ〟と呼んでいます。この辺りに移るだけでものすごく環境が変わるんですよ。都心に出るのに、ドアツードアで90分くらい。田舎に行くかトカイナカに行くかどちらかですが、藤原さんの年齢だったら田舎のほうがいいかなとは思います。でも、問題は仕事ですよね」

——はい。リモートワークが進んでいるとはいえ、という感じです。

「リモートワークが増えたとはいえ、行かざるを得ないことが残っているのであれば、田舎とトカイナカではコスト距離がまったく変わってきます。トカイナカの場合は往復でも千数百円くらいです。お金がある人というか、ギャラが高い人は田舎に出ていっても採算が取れるのですが、じゃあ1回の打ち合わせや会議で、東京—鹿児島間の交通費を賄えるかという大きな問題があります。どこまで高いコスト距離を負担できるかということにかかってくるのではないでしょうか。私が今住んでいる場所は駅から距離が離れているし、ここに越してきたときは、周りに人家もないようなところだったんですよ。今は家がいっぱい建っちゃったんですけどね」

——コロナ禍ではどのような生活を送られているのですか？

「私はトカイナカで、博物館と畑をやっています。だから、博物館の展示作業と畑の作業をやっていたので、することがなくてストレスということはまったくありませんでした。こっちに住み始めると、東京が物凄い人混みだと気づきます。人に酔っちゃうくらい。でも、今住んでいる場所はそんなに人がいないし、博物館でも畑でも基本的にはひとり。マスクもいらないし、普通にタバコも吸えます（笑）。だから、まったくストレスは感じませんでした。博物館も畑も好きなようにやっています。結局、生産性を上げたり、いっぱい稼ごうとしたりすると、仕事っていうのはどんどんつまらなくなっていくんですよ。だから、少なくとも老後を考えたとき、生活するために嫌な仕事をずっとし続ける人生はどうなのかなあと思います」

——幸い、私はこの仕事が好きで、できれば長く続けられればと思っています。ただ、移住すれば、やっぱり仕事は減る気がしますし、田舎で暮らすコストも気になっています。

「実は、田舎よりもトカイナカのほうが物価は圧倒的に安いんですよ。田舎に行くと、大型店が少なくなるので、どうしても物価が高くなってしまいます。そして、もちろん都心も物価が高い。物価に関していうとトカイナカくらいのところが一番安いんです。競争が激しくて高い値段を取れない構造になっているので、そんなにたくさんお金がなくても暮らせるんですね。特に、これから年金はほぼ間違いなく給付が落ちていきます。私の計算だと、30年先には、厚生年金と国民年金を合わせたときの金額が夫婦で月13万円くらいじゃないかと考えています。単身だと厚生年金だけで9万円くらいになってしまうんです」

——私の場合、会社勤めは7年ほどで、その後は国民年金なので、月に4万円くらいしかもらえないということですよね？　先日、数十年後には、ロスジェネ世代である単身女性の約半数が貧困に陥るという記事を見ました。

「大都市って、お金がある人にはすごく楽しい町なのですが、お金がないと全然楽しくないいんですよ。でも、田舎やトカイナカだと、お金がなくても楽しいことがいっぱいあるんですね。

他にも、うちには食糧や水などの備蓄もありますが、畑があると多分1か月くらいは飢え死にすることはありません。掘れば芋が出てくるという状況なので」

――それもひとつの安全保障ですね。

「去年は100坪くらいでやっていたのですが、さすがに草取りがきつくて30坪に絞りました。でも、30坪あれば家族が食べる分の野菜は十分採れます。何を作るかも、どう育てるかも自由。私はトマトを支柱を立てないジャングル方式で育てていて、夏野菜なのに去年は12月まで採れました。一方で、旬が終わったらさっさと片付け、常に旬なものに植え替えていく人もいます。そこは趣味の違いだけなんです。仕事って、全部自分の思い通りにできることが一番楽しいと思うんですよ。その対極にあるのが、大都市のルーティンワークなんだと思います。だから、ずっとお金を稼ぐためではなくて、楽しい仕事をいかにし続けるかということが人生にとって一番大切なのかなと思います」

〝田舎〟に行けるのは、40代の今だからこそ！

――お話を伺っていると、私はトカイナカに住んだほうがいいのでしょうか。

「私は、少なくとも40代までなら田舎に行っても大丈夫だと思います。でも、50代以降の人はトカイナカまででやめたほうがいいと思いますね。田舎には自分の収入を得るための生業の他に、消防団やお祭りの準備など町や村の仕事もいっぱいあって、そこに参加しなきゃいけないんです。場所にもよりますが、そこに参加して一人前と認めてもらえるまでに、長いと10年かかってしまう場合もある。だから歳をとってから田舎に行くと、そこに入り込むのが時間的に難しくなってしまうんですね。私はずっと所沢の端っこで過ごそうと思っているのですが、やっぱり田舎は若いうちに行かないと難しいと思います。若ければ柔軟性もありますし。私の友人でも田舎に移住した人がいますが、成功率は半分くらいですね」

——半分の失敗した人というのは、どんな理由だったんでしょうか？

「そこでの人間関係に悩んだり、結局稼げなくて預貯金を食い潰したりして東京に戻って来るパターンですね」

——なるほど……。

「だから、生活費をどこまで抑えられるかっていう話になります。そんなにサンプルは多くはないのですが、私が聞いた限りだと夫婦で最低でも月10万円はキャッシュが必要になります」

——逆に言うと、月10万円あれば生きていけるということでしょうか？

「だって、食費なんて全然かからないし、家賃なんてほぼただみたいなものだし。保険料や町内会費、光熱費といったものや、自分で作れないものへの支出ですね。ただ、一番大きいのは車ですよね」

——確か、水道代とかは応能負担だったと思うのですが、人口が減少すると水道料金も上がっていくということもありますよね？

「都道府県別の1世帯あたりの水道料金を見ると、トカイナカが圧倒的に安いんですよ。おっしゃる通り、地方に行くとめちゃくちゃ水道料金が高い地域もあります。ただ、市町村ごとに料金が異なるので、たまたま湧水があったり、大きな川が流れていてそこから取水できたりするところは安いですね。でも、大雑把にいうと田舎のほうが高くつきます」

――食費や土地の取得費は確かに安いかもしれませんが、ガスも山間部だとプロパンガスですし、それ以外の部分を考えるとトータルではどうなんでしょうか？

「結局、田舎だと実は生活費自体はあまり変わらないんです。家賃が安い分を、交通費と物価で食い潰しちゃう感じなんですよ。でも、そこはやり方次第ですね。たとえば、原付バイクにすればガソリン代は3分の1以下で済むし。私は一億総農民、自産自消がいいと言っているのですが、大都市で農業ができるかっていうと、都心には畑がないのでほぼ無理なんです。練馬の区民農園を借りている人の話を聞いたのですが、10坪もない畑に月8000円もとられているんですよ。一方、トカイナカにしろ田舎にしろ、耕作放棄地だらけなのでただなんです。ただ、難しいのは、契約に行ってすぐ借りられるわけではなく、人間関係を作ってからじゃないと貸してもらえないという点です」

――そういう意味で言うと、やはり縁があるところのほうが生きていきやすいのでしょうか？

「そうそう。圧倒的に有利だと思いますよ。それに、リモートワークができない人が本当の田舎に移住した場合、農業で飯を食うか、自分で会社を作るしかないんですね。でも、たとえばレストランを作るにしても、東京だとものすごい激戦で美味しいお店が鍔迫《つばぜ》り合いをしている状況ですが、田舎だと割と競争がゆるいので、自分で会社を立ち上げるのもやりやすいと思います。ネット通販で売ることもできるようになりましたし、地方に行きやすくなっている状況にはあると思います」

都心で高い家賃を払って住み続けていることは、本当に幸せ？

――今、少しずつ千葉、埼玉、神奈川あたりに移住する人が増えているかと思いますが、今後、コロナが収束していったとき、どうなっていくと予想されていますか？

「田舎への移動はまだ増えていないのですが、今は第一段階だと思っています。千葉、埼玉、神奈川に対しては転入が増えていますが、地方についていえば、まだ東京に来る人のほうが多いんです。なんでみんなが周辺3県に逃げ出しているかというと、リモートワークでも週１回くらいは通わないといけない人が圧倒的に多くて、その人達にはその辺が限界なんですね。でも、トカイナカの最大のデメリットは土地が高いということなんです。私が住んでいるところでも、１坪50～60万はします。もちろん、東京は３００万するんですけどね。でも、田舎に行ったら坪１万とか５０００円とか桁違いに安くなるので、そういう意味ではトカイナカの住宅コストはすごく高いし、畑も買ったらそれなりにします。だから、多くの人が完全にリモートで仕事ができるようになれば、田舎のほうが断然いいですよね」

都道府県の転入・転出超過の状況

都道府県別転入超過数（2020年、2021年）

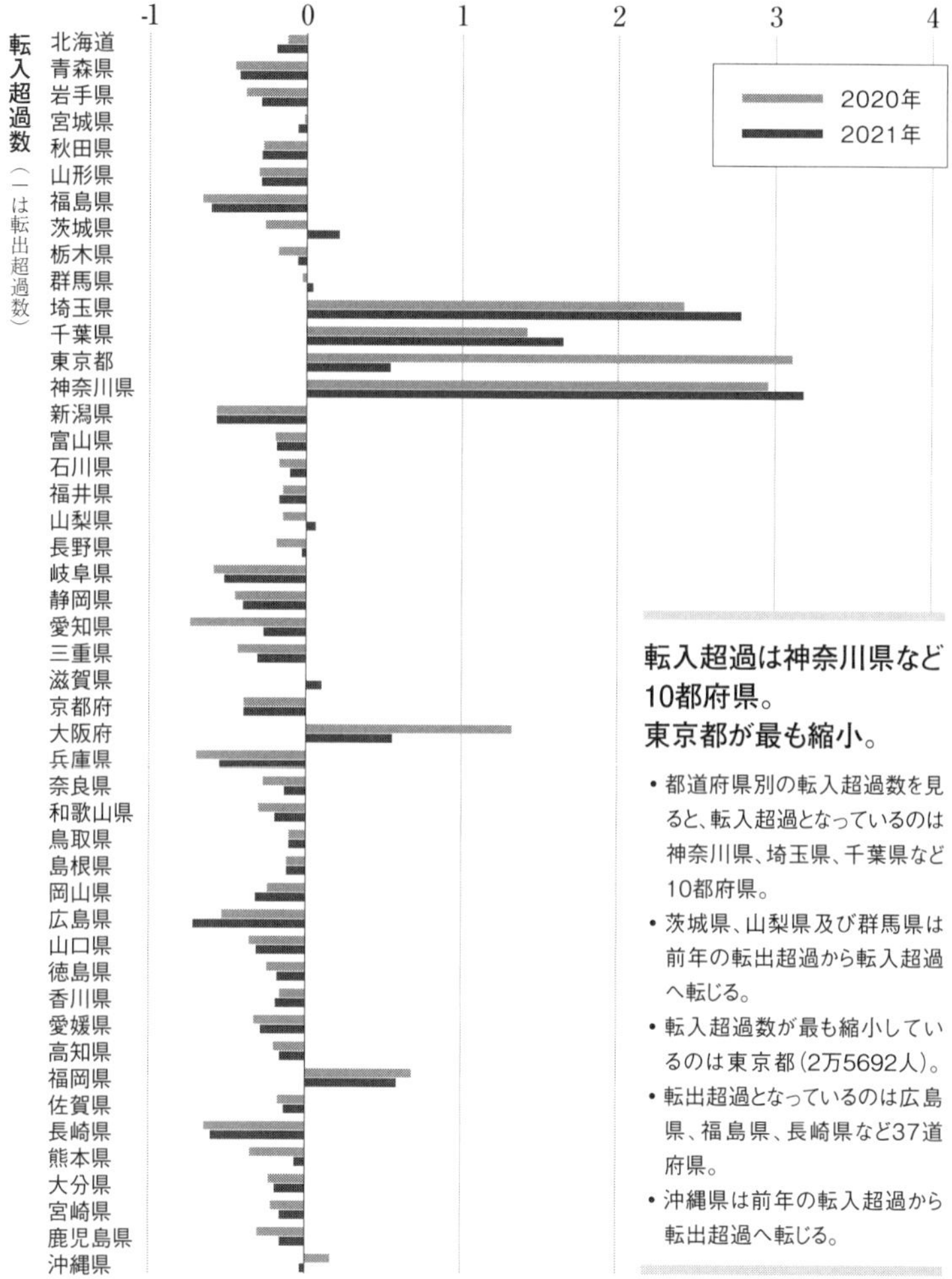

転入超過は神奈川県など10都府県。東京都が最も縮小。

- 都道府県別の転入超過数を見ると、転入超過となっているのは神奈川県、埼玉県、千葉県など10都府県。
- 茨城県、山梨県及び群馬県は前年の転出超過から転入超過へ転じる。
- 転入超過数が最も縮小しているのは東京都（2万5692人）。
- 転出超過となっているのは広島県、福島県、長崎県など37道府県。
- 沖縄県は前年の転入超過から転出超過へ転じる。

「住民基本台帳人口移動報告2021年（令和3年）結果」（総務省統計局）
https://www.stat.go.jp/data/idou/2021np/jissu/youyaku/index.htmlをもとに編集部作成。

――コロナが収束したとき、またリモートワークが減っていく可能性はないのでしょうか？

「少し反動は出ると思いますが、仕事がどんどんＩＴ化していくので、中長期的には増えていくと思います。たとえば、製造現場で実際に手を動かしてモノを作る仕事は、今までなら工場に行かなければならなかったけど、これからはプログラムを作ったり、ＶＲ空間でＮＦＴ（非代替性トークン。偽造不可な鑑定書、所有証明書付きのデジタルデータ）のような新しいアートを作ったり、そういう仕事がメインになってくる。そうすると別に大都市で暮らす必要もなくなりますよね」

――一極集中の流れは頭打ちということですか？

「そうなっていくと私は思っています。そこに最後の鉄槌を下すのが、首都直下地震か荒川決壊になるんじゃないでしょうか。やっぱり大きなショックが加わらないと、一気に変わることはないんです。ただ、都心でずっと家賃を払い続けてつまらない仕事をしている人達のなかで、あれ？　これはおかしいぞっていう意識は確実に育ってきていますね」

――「確実に」というのは、具体的にはどういうところで感じますか？

「私くらいの年齢になると、高齢層でも都心にこだわる人って結構いるんですよ。そういう人達が何をするかというと、ものすごく小さなワンルームマンションに引越して、結局狭いから断捨離し始めるんですね。楽しみはスマホのなかにしかない。たまの運動は近所を散歩するだけ。それに比べて、地方の高齢者はすごく元気なんですよね。人生を楽しんでいるというか。

多分、そこに薄々気づき始めた人が出てきたんだと思います。全国への移住相談を受け付けているふるさと回帰支援センターの相談件数も爆発的に増えているんですよ」

――その意識の変化の原因はなんだと思いますか？

「私が社会に出た1980年代は、仕事をしていても楽しかったんですよ。課長になったら新聞を読んでいて、それより上の人間は重役出勤で仕事もしなかったから、ボトムアップで、全部現場で決めることができたんです。自由にできる仕事って、やっぱり楽しいんですよね。でも、今はトップダウン型に変わってしまったので、『お前ら、これをやれ』ってノルマだけ与えられて、やり方も全部指示されてしまう。これじゃ仕事が楽しくなるはずがないんです」

移住希望者に人気の都道府県トップ20（2021年）

	窓口相談者	セミナー参加者
順位	都道府県	都道府県
1位	静岡県	広島県
2位	福岡県	愛媛県
3位	山梨県	長野県
4位	長野県	北海道
5位	群馬県	福島県
6位	広島県	静岡県
7位	宮城県	和歌山県
8位	岐阜県	佐賀県
9位	栃木県	新潟県
10位	神奈川県	群馬県
11位	福島県	山梨県
12位	和歌山県	山形県
13位	山口県	神奈川県
14位	鹿児島県	石川県
15位	富山県	富山県
16位	北海道	山口県
17位	京都府	宮崎県
18位	熊本県	鹿児島県
19位	宮崎県	岩手県
20位	新潟県	栃木県

引用元：NPO法人ふるさと回帰支援センター

――トップダウン方式になってしまったのは、やっぱり株主至上主義みたいなものがもたらした弊害なのでしょうか？

「そうです。今は何が起こっているかというと、昔は持ち合いだったから株主の力が強くなかったんですけど、今は物言う株主が増えてきて、その人達が利益を上げろと経営陣にプレッシャーをかけるわけですよ。昔は大体年に一度、年度末にある程度の数字を見せればよかったのに、今は四半期ごとに出せと言われて、追い詰められた経営陣が現場に対して何を言うかっていうと、今日稼げ、今稼げっていうことなんですね。中長期的に会社を発展させようなんて誰も考えなくなっちゃって、言われた目標をいかに達成するかということばかりになってしまったんです。しかも、経営陣になる人って、せいぜい数年しかいないんですよ。5年先、10年先に会社がどうなろうと知ったこっちゃないんです。そうなると、もう資本主義の奴隷みたいになっちゃうんですよね。だから、そこから一旦離れて、人間性を回復することができれば、自ずと楽しくなっていくと思います。

先日、学生に何をしているときが一番楽しいのか聞いたら『学校が休みで布団のなかで1日中スマホをいじってるときが一番幸せだ』と言われて、すごくショックでした。そこに彼らなりのお花畑を作るのも仕方がないかもしれませんが、彼らには、そこから一歩抜け出してみると、もっと豊かなお花畑があるんだよと伝えています。実際、それに気づいて、夏休みに群馬の畑で農業をする学生もいるんですよ。まだ全体の1割にも満たないのですが、就職するとき

移住相談者の年代（東京：2013-2021：暦年）

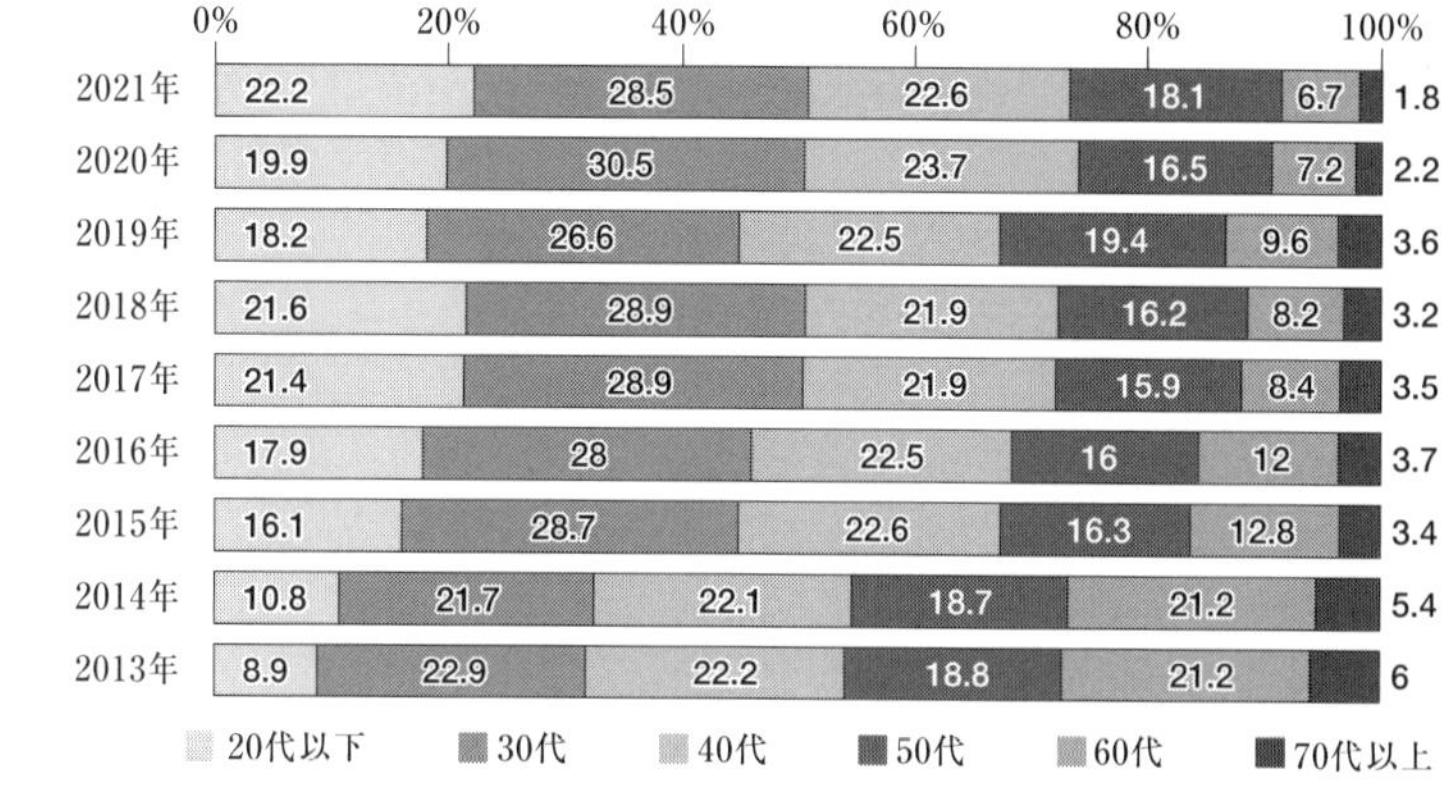
0%
20%
40%
60%
80%
100%
2021年 22.2 28.5 22.6 18.1 6.7 1.8
2020年 19.9 30.5 23.7 16.5 7.2 2.2
2019年 18.2 26.6 22.5 19.4 9.6 3.6
2018年 21.6 28.9 21.9 16.2 8.2 3.2
2017年 21.4 28.9 21.9 15.9 8.4 3.5
2016年 17.9 28 22.5 16 12 3.7
2015年 16.1 28.7 22.6 16.3 12.8 3.4
2014年 10.8 21.7 22.1 18.7 21.2 5.4
2013年 8.9 22.9 22.2 18.8 21.2 6
20代以下
30代
40代
50代
60代
70代以上

年代別希望する就労形態

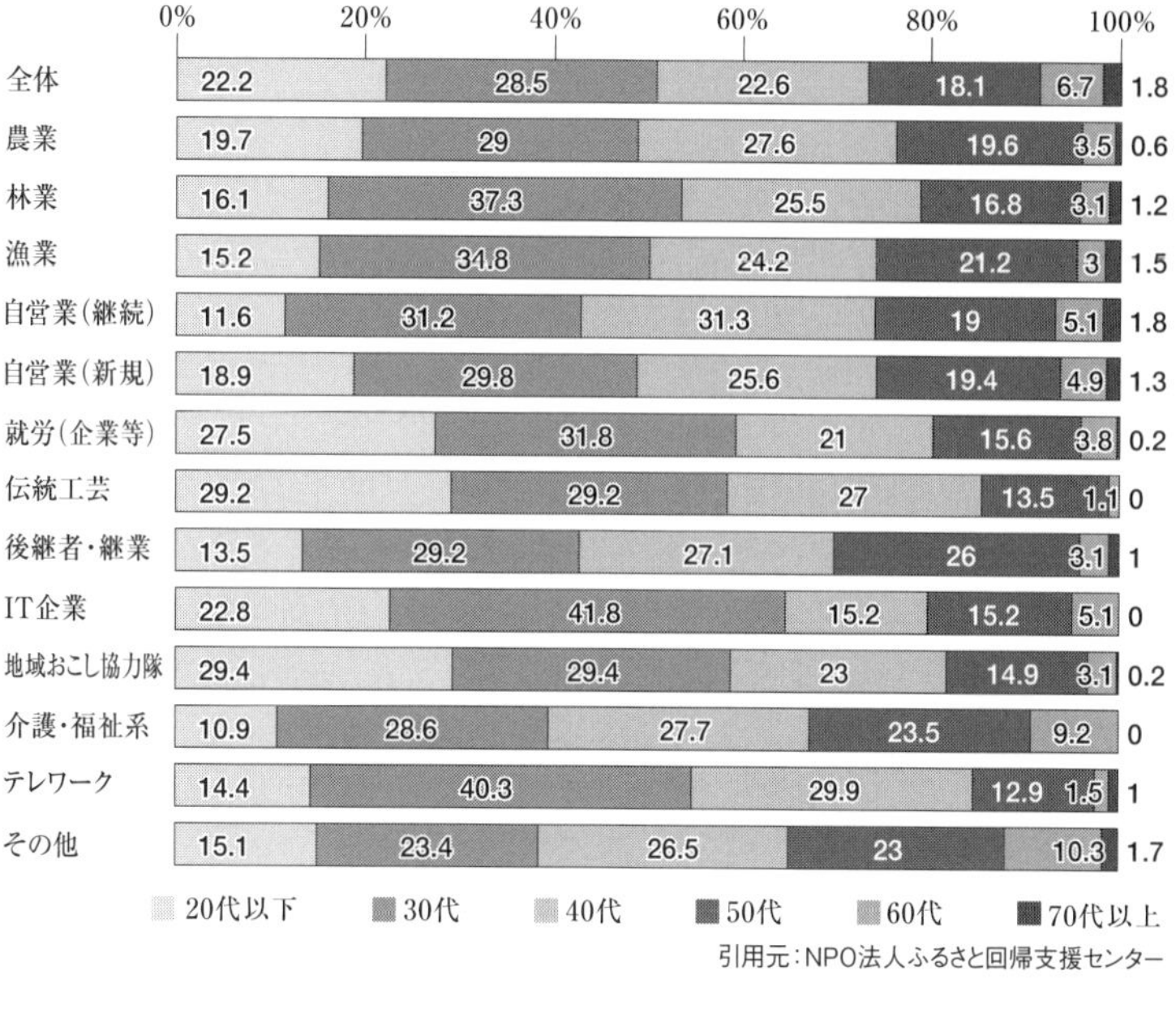
0%
20%
40%
60%
80%
100%
全体 22.2 28.5 22.6 18.1 6.7 1.8
農業 19.7 29 27.6 19.6 3.5 0.6
林業 16.1 37.3 25.5 16.8 3.1 1.2
漁業 15.2 34.8 24.2 21.2 3 1.5
自営業（継続） 11.6 31.2 31.3 19 5.1 1.8
自営業（新規） 18.9 29.8 25.6 19.4 4.9 1.3
就労（企業等） 27.5 31.8 21 15.6 3.8 0.2
伝統工芸 29.2 29.2 27 13.5 1.1 0
後継者・継業 13.5 29.2 27.1 26 3.1 1
IT企業 22.8 41.8 15.2 15.2 5.1 0
地域おこし協力隊 29.4 29.4 23 14.9 3.1 0.2
介護・福祉系 10.9 28.6 27.7 23.5 9.2 0
テレワーク 14.4 40.3 29.9 12.9 1.5 1
その他 15.1 23.4 26.5 23 10.3 1.7
20代以下
30代
40代
50代
60代
70代以上

引用元：NPO法人ふるさと回帰支援センター

に大都市ではなく田舎を選ぶ子も出てきてはいます」

――それは、今まではなかった現象ですか？

「私が大学で教え始めたのが17年前なのですが、そのときはそんな人はまったくいませんでしたね。一部の人が気づき始めたんだと思います。大金を得ることが成功の証だ、お金は無限にほしいんだって思っているグループのほうがまだ大きくて、そのグループは徹底的に資本主義でいこうとするんですね。いつか勝ち上がって、プライベートジェットに乗って、タワマンのペントハウスで地べたを這いつくばる庶民を見下してやるんだっていう発想の人がまだ多いんですけど、『そんなこと、全然面白くないよね』と気づき始めた人が出てきたという段階だと思います」

――今後は変わっていくと期待していいのでしょうか？

「変わっていくと思いますよ。だって、彼らを見ていると可哀想なんですもん。個人的に周りを観察すると、トカイナカや田舎の人達は結構ハッピーで、つらくて暗くなっているのは都心部の住民のように私には見えます。だから、若い人は思いきってやればいいと思いますよ。だって、失敗したら戻ればいいだけの話ですから」

縁が縁を呼ぶ場所なら、もしかしてなんとかなるかも？

森永さんの話は、私の背中を押してくれた気がします。自分が若いとはとても思えませんが、

2020年の日本人の平均年齢は約48歳（国立社会保障・人口問題研究所「人口統計資料集」2022年）。自分はまだ若いと思い込んで、思いきってやってもいいのかもしれません。というより、年齢を考えたら今しかないのかも？

東京を離れるという選択は間違ってはいない。話を聞く限り、確かにトカイナカのほうがメリットは大きそうですが、もう私の心には鹿児島が住み着いています。硫黄泉、星空、ガブガブ飲める水道水。霧島は湧き水も豊富な土地です。

今、私には東京の仕事しかありません。コロナ禍にあって仕事で外出するのは週に1、2回という状況。早めに予約してLCCを使えば、今のところ成田―鹿児島間の往復で1万6000円くらい。たとえば、月の1週間だけ東京に来ることはできそうな気がしてきました。目黒のマンションを離れたとしても、その間、有難いことに兄の家に滞在することができるので宿泊費はかかりません。

トカイナカではない田舎に住むのであれば、住宅コストは劇的に安いけれど、生活コストはあまり変わらない。だったら、コストを下げるためにも畑がついている物件が必要です。もちろん、災害に強い地域であることも。

仕事がなくなったら、田舎だと農業か自分で会社を立ち上げるしかない。私ひとりだということを考えると、当然後者になってくるわけですが、住んだこともないので何をすればいいのかはわかりません。でも、これは恐らく実際に住んでみないとわからないこと。

失敗した人の話はやはり引っかかりますが、そんなことを言って都会に住み続けていても、先は見えています。それこそ、地震や洪水が起きればひとたまりもありません。

まだ物件は見つからないものの、私が鹿児島への移住を考えていると友人に話したところ、なんと共通の仕事仲間が霧島市の隣の姶良《あいら》市に家族で移住していたことがわかりました。しかも、東京でファッションの仕事をバリバリやっているフォトグラファーです。早速、連絡をして状況を聞いてみると、羽田の近くにアトリエを借りていて、月に5往復することもあるそう。

「やってみたら意外とできるもんだよ」

いや、そもそも収入が違うんすよ。と思いつつ、身近に移住者の知り合いがいることを心強く思いました。そして、フォトグラファーがいるなら、リモートでできるライターの仕事だけではなく、新たな編集の仕事もできるかも？　なんだか縁が縁を呼んでいるような気がして、やっぱり私の移住先は鹿児島しかあり得ないと思えました。

そして、それから程なくして、物件サイトから条件に合う霧島市の物件情報が送られてきました。四角いサザエさんの家、果樹園付き、広い庭、そして平坦地。すべての条件が揃っています。この物件を扱っているのは、お隣の姶良市にある地元の小さな不動産会社でした。

森永さんの話を参考に、ハザードマップや南海トラフの震度分布を確認しましたが、そこまで大きな問題はなさそうです。ただ、写真の点数があまりに少なく、全貌がよくわかりません。前回の件もあるので過度な期待はせず、ひとまず問い合わせをしてみることにしました。

7

シングルおばさん、いよいよ家を買う

定型文の「お世話になっております」に誠意はあるのか

気になる物件について問い合わせをして、返信を待つ間に周辺がどんな場所か調べることにしました。該当の住所をグーグルのストリートビューで見てみると、どうやら畑のなかにぽつぽつと家が建つ小さな集落のようです。

以前、惜しくも内見できなかった温泉付きの物件から、車で15分ほど下ったあたりにあって、標高もだいぶ下がるので、霜はおりても雪はそこまで心配しなくてよさそうです。霧島神宮にも車で20分弱なので、効力はきっと届いているはず。霧島市で一番大きな国分《こくぶ》という地域にも20分弱で行けるし、徒歩では行けないにせよ近所には温泉がごろごろあります。一番近い公共交通機関であるバス停までは徒歩43分。車がないと生活はできませんが、それは既に覚悟のうえ。

これで物件との相性がよかったら、私、決めちゃうんじゃないの？　40年以上暮らした東京を今さら離れるって本気？　自分が望んでいることなのに、移住できない理由がほしいような、移住しなければならない状況を誰かに作ってほしいような、物件の条件がよいとわかるほど妙な気持ちになるのでした。

物件の写真をもっと見たいと問い合わせをした日の夜、早速不動産会社からメールが届きました。現在はまだ入居中で室内の荷物が多いけれど、今週中には送ってくれるとのこと。署名も素朴で、ホームページのアドレスすら書いてありません。いわゆるバリバリのビジネスメールではないことも好感が持てました。定型文と化した「お世話になっております」よりも、顔を見ていない分、人間と話している空気が伝わってきたほうが安心します。

大企業時代は、同じ企業内にメールをするだけなのに「弊G関係業務につきましては、平素より格別のご高配を賜り幸甚に存じます」なんて文言を、見えない力によって書かされていました。当時は、「お疲れさまでーす！」と送ったらどんな反応されるのかなあと、ぼんやり考えていましたが、出版社に転職したら社内の「お疲れさまでーす！」は日常茶飯事で、こっちのほうがよっぽど真っ当だなと思ったものです。

メールの送り主は恐らく、若い方ではないのでしょう。パソコンがあまり得意ではないと書いてありました。調べてみると、この会社の代表のようです。掲載されている物件数も少ないことから、地元に根付いた昔ながらの不動産会社であることが予想されました。

数日後、約束通り送られてきた写真は、確かにモノにあふれ、生活感がしっかり漂っていましたが、それらがなくなったときの様子は想像できました。

そして、私が心惹かれたのは、直径40㎝はあろうかという大きな床柱でした。仏壇にはおじいさんとおばあさんの写真が飾ってあって、周りをたくさんの仏花が囲んでいます。まったく知らない人達の死がそこにあるのに、なぜか嫌な気はしませんでした。花々を見ても、周囲から大切にされていた人達だったことがわかります。告知事項にも入っていなかったことから、恐らく病院で亡くなったのでしょう。

気になったのは、グーグルマップを見たときには存在しなかった建物が庭の目の前に建っていることと、果樹園の木がすっかり枯れて荒れ果てていること。畑を始める必要があるのに、このままでは到底できそうにありません。それに、ここ数年で災害が起きた場所かどうかも確認しておいたほうがよさそうです。こんなことを不動産会社が知っているかどうかわかりませんが、自治会やゴミステーションの場所も合わせて聞いてみました。

すると、また誠意に満ちた丁寧な返事が返ってきました。

値引きしない分、果樹園はそのままの金額で畑にしてくれるよう売主と交渉すると書いてあって、荒れた果樹園付きの物件が、突如として畑付きの物件へと生まれ変わりました。南側に現れた建物は個人会社の事務所で、仕事柄たまに寝泊まりすることがあるそう。実際に会ってくれていて、仕事の内容や事務所の様子、会ったときの印象が書いてありました。

自治会の会費の値段まで調べてあり、ゴミステーションの地図とハザードマップが添付されています。該当物件の周りは丘陵地帯で過去に大きな災害はなかったとのこと。

また、売主さんが近くで酪農をしているそうで、何か困ったことがあるときは相談に乗ってくれるようにお願いをしておくと書いてありました。

このメールを見て、私は再び鹿児島の土を踏むことを決めました。

先日会った不動産会社のしゅっとしたお兄さんの顔が頭に浮かびます。焦って決めなくて、本当によかった。彼にとっては金にならない客でも、私にとっては一生もんの買い物で、その気持ちに寄り添ってくれる人から購入したいと思うのは、消費者としては当然なわけで。

セルフレジも、コールセンターのAI化も、企業にとっては効率的。でも、消費者にとっては、サービスが低下したことに他ならず、社会にとっては人と人とのコミュニケーションがひとつ、またひとつとなくなっていくということです。

私が住んでいる目黒のマンションは3階ですが、もともとはその真下の部屋に10年間住んでいました。郵便箱に入っていたちらしで、真上の部屋が売りに出されていることを知って、ここまで引越さないのに家賃を払い続けるのも馬鹿らしいと、気軽に内見をしてみることにしました。そこには、エントランスで何度か見かけたおばあちゃんがいて、部屋をひとつひとつ丁寧に説明してくれました。ガスコンロを最近買い直したこと、毎日頑張ってお風呂掃除をしていたこと、マンションが建ったときに購入したこと、本当は住み続けたいけれど足腰が弱くなって施設に入らなければならないこと。

ベランダを見ると、赤い花が咲いていました。毎年春になると、2階のうちのベランダに赤い花びらがどこからか落ちてきたのですが、その主はここにいました。おばあちゃんは、ずっと独身で洋裁の仕事を生業として生きてきたそうで、真下の部屋でひとり生きている私に共感してくれたようでした。

そして、リフォームして転売を目論む不動産会社からの申し込みも多くあるなかで、そのおばあちゃんは私に売りたいと言ってくれて、私もこのおばあちゃんから買いたいと思ったのです。

都会では、なんとなくこういうことが減ってきた気がします。これだけ人がたくさんいる東京なのに、多くの人が面倒な付き合いを断って自由を求めた結果、大切なものまで失われていったように思えます。

もしかしてもしかすると、運命の物件に出会っちゃったかも？

鹿児島空港では、壮年の男性が待っていました。私に免許がないと知って、不動産会社の久保さんが迎えに来てくれたのでした。

家に向かう道中で、久保さんはいろいろなことを話してくれました。この辺りの風土や文化、周辺にはどんな人達が住んでいるか、政治や経済の状況、私がここに住むなら確実に必要になる地元ならではの情報を教えてくれるのでした。

「売主さんも買主さんもＷＩＮ－ＷＩＮになるようにするのが仕事」

「金額が小さくても関係ない。その人にとって家は生活を営む大切な場所」

「企業は社会貢献の気持ちを持たないといけないし、昔はみんな持っていた。最近は目先の利益だけを求める企業が増えてしまった」

言葉の節々から、久保さんは今の社会問題を把握していて、失ってはいけないものが何かをわかっているように感じました。そして私が移住しようとしている理由を話すと、「女性ひとりでこんなところに来てすごいですね」と言いながら、すんなり納得してくれたのでした。

車は突然、山道に入り、くねくねとしたカーブを右に曲がり左に曲がりしながら進んでいきます。突如として現れる絶景に歓喜しながら、こんな道を果たして運転できるのか不安にかられました。なんといっても親譲りの運動神経のなさは並大抵のものではありません。

こんなところに家があるんかいなと思わせる森が広がる急斜を登っていくと、ぽつりぽつりと建物が出てきました。カーブはなくなり、平坦でまっすぐな道が続いたかと思ったら、車がグーグルマップで見た細い道に入っていきました。

空港から20～30分で、こんなところに来られるのか。周りは画面で見た通り広々とした景色が広がっていて、遠くには山も望めます。観光で行く田舎とはまた違って、絶景というより、毎日眺めたい景色、という感じ。

玄関の引き戸をカラカラと開けると、部屋のなかは障子が開け放たれていて、光が綺麗に回っていました。そして、とにかく広い。親戚の家に遊びに来たような、うっかり畳で横になってしまいそうな、肌馴染みのよさを感じました。

ベッドルームの外には、お隣の畑が窓いっぱいに広がっていて、朝カーテンを開けたとき気持ちよさそうです。床の間には掛け軸が掛けられていて、自分の山で切り出してきたというごつごつとした床柱は、威風堂々つやつやと輝いています。

「昔ながらの工法で作られた家は、長く住んでもらうことを前提にしているから、リフォームしやすいようにできているんですよ」

ふと、目黒のマンションを売ってくれたおばあちゃんの言葉を思い出しました。

「少しずつリフォームしながら住むといいと思うわよ。気持ちは変化していくから」

おばあちゃん、ごめんなさい。気持ちが変化してしまったかもしれません。

畑にしてくれるという果樹園は、枯れた木が倒れ、草が生い茂り、とても足を踏み入れられる状況ではありませんでしたが、その広さは実感できました。

「ひとりで食べるだけなら、1畳もあれば十分ですよ」

だったら、多肉植物ゾーンとかお花畑ゾーンとかも作っちゃおうかしら。モロッコで見たマジョレル庭園の記憶がふわりと蘇り、甘いにおいを漂わせながら夢はただただ広がっていきます。でも、心のなかで自分の頬を殴ってみると、雑草も生えてくるし、虫も出てくるし、本当に維持できるのか？　と現実が顔を出します。

周りを眺めると、目の前に広がる景色はただただ穏やかで、小鳥の囀《さえず》りと葉擦れの音だけが聞こえてきます。今まで生きてきた場所とは、まるで違う景色。

生まれ育った下町でもなく、20年近く住んだ目黒でもなく、東京タワーもスカイツリーもなくて、それよりもずっと高い山が聳えています。

東京は人間が作れるものばかりであふれているけれど、ここには人間が決して作れないものがたくさんあるんだなあと思ったら、何か神々しいものを感じました。

効率や便利さに、楽しさが奪われる恐怖

家のなかをひとしきり観察して満足すると、久保さんが周辺の町を案内してくれるというので、その言葉に甘えることにしました。

近くのスーパーや、道の脇に置いてある段ボールを捨てるボックス、自治会の集会所、粗大ゴミを持っていけるゴミ処理場。今までは徒歩で行けたものも、すべて車に乗らなくては行けません。じゃあ、実際に住んでみてこれを私が苦に感じるかというと、いまいちわからないのでした。便利さに溺れた生活をしてきたので面倒に感じるかもしれませんが、それを楽しく思う可能性もあるわけで。

不便を理由に田舎に住まないのは、なんだか違うような気がするのです。

効率的になること自体は別に楽しいわけではなく、便利になって生まれた時間をどう使うかで楽しくも苦しくもなるのだと思います。

賃金が上がらないから空いた時間に別の仕事を！　と、副業解禁が進んでいる現実を見れば、別に効率的になったところで、みんながみんな人生を謳歌できるわけではないことがわかりま

す。実際、肌感としては、本来人間を楽にするはずのＩＴが生まれて以降、仕事は忙しくなったように感じます。

Ｚｏｏｍの会議は確かに楽だし便利だけど、世間話の時間はすっかり減ってしまいました。私達のような仕事では、その何気ない会話のなかから生まれるものがあるはずなのに、その時間は無駄として排除されていくような、乾いたものを感じます。

これは、時代についていけないおばさんの戯言《たわごと》なのでしょうか？　でも、森永さんが言うように〝楽しい仕事を長く続ける〟ことが人間の豊かさなのだとしたら、やっぱりその会議自体が楽しいほうがいいなあと単純に思うのです。おばさんの無駄話はいいから、早く終わらせろと言われたら身も蓋もないのですが。

便利になることで、時間が奪われる――子どもの頃読んだミヒャエル・エンデの『モモ』って、そんな話じゃなかったっけ？　時間どろぼうは、何を忘れていたんだっけ？

迷ったときは、楽しいほう、楽しいほうへ

もはや私の行きつけにもなってきた鹿児島市内のイタリアンで舌鼓を打って、親戚にいい物件が見つかったことを告げると、本当に買う気があってローンを組むなら、銀行の融資課に知り合いがいるから声を掛けておくと言ってくれました。地元パワー強し。

フリーランスがローンを組むのはなかなか難しく、目黒のマンションを買ったときもひと苦

労でした。これも鹿児島に縁があるからこそ。繋がりのない場所だったら、また考えなければならない問題がひとつ増えるところでした。

一方で、人と人との繋がりが色濃く、生活に直結してしまうからこそ、利権が生まれやすい土壌が育まれてしまうようにも思えました。

ホテルに戻って、改めてひとりで考えました。

東京の変化、格差の拡大、自由が生む孤独、共同体の消滅。思えば、子どもの頃は近所の定食屋のおじさんも、薬局のお姉さんも、飲み屋のおばさんも、誰かの同級生だったり誰かの兄弟だったりして、地域という単位で繋がっていました。

今はまだかろうじて残っているけれど、いずれ都会ではその繋がりが消えていく、あるいは格差社会によって歪なものとなっていくでしょう。独身率がダントツに高い東京で共同体が消え失せたとき、私のように国民年金で月に4万円しかもらえない人が、貯蓄もなく孤独に陥ったらどうなるのでしょうか。

私はフリーランスで、なんの補償もありません。病気になったら収入はゼロ。家を買うという行為は、私にとっては安心を買うようなものです。いつの間にか「持ち家と賃貸、どちらが得か？」という文脈で語られるようになってしまいましたが、それは安心とお金がすり替わってしまった結果なのだと思います。

何度も行ったり来たり、じめじめぶつぶつくよくよ考えていても、自分でもわかっています。

答えなんて、とっくに出ているのです。

林さんも森永さんも、〝気づいた人から動き始めている〟と言っていました。

今の私は、気づいているくせに動いていない状態。しかも、どうやら結構早く気づいてるっぽい。いや、なんだったら、最先端をいっている！　そうに違いない！

保険会社を辞めたときも、出版社を辞めて独立したときも、石橋を叩いて叩いて叩いたところで誰も未来なんて予想できないんだからと、迷ったときは楽しそうな方向に舵を切ってきました。独立して14年、久しぶりに岐路がやって来たようです。

家、買ったる。買ったろうじゃないの。

ワインの力を借りて自分を鼓舞し、こうしていよいよ移住計画が実行に移されることになったのでした。

8

若者9人、おばさんひとり。42歳の合宿免許

このマンションが好きだから売らないという選択

家を買うと思い立ったが吉日、不動産会社の久保さんに連絡を入れて、内見した家を購入する意思を伝えました。そして、鹿児島を発つ日に、空港で売買契約書と奄美大島産の黒糖を受け取りました。

会社を辞めると決めたときもそうでしたが、一度決意を固めてしまうと、すっかりもやもやは晴れて、視界がクリアになりました。そして、父が亡くなったときと同様に、突然目の前にやらなければならないことがわらわらと姿を現しました。

ローンの申請や免許の取得、今住んでいるマンションをどうするか。

まだまだ住もうと思っていた目黒のマンションは、自分の巣を作るつもりで壁紙を貼り替えたり、本棚や机を部屋の形状に合わせて作ったりと、もうすっかり愛着が湧いていました。ここを売ってくれたおばあちゃんは私が買うことを望んでくれたのに、たった数年で売り払うのは、彼女の気持ちを踏みにじるような気がします。

「築50年」「今は売りどき」という機械的な声を振り払い、もうその手の価値観では生きないと決めて、この家を気に入ってくれる誰かに貸すことに決めました。いろいろといじってしまった分、ここがいいと思ってくれる人じゃないと、そもそもこの家を選ばない気がしました。

そして、下の階に住んでいたときの家賃を考えれば、十分ローンは支払えるし、家賃をすべて返済に回せば、完済も早まります。マンションは古いけど、管理会社はしっかりしているし、修繕積立金もある。なにとぞなにとぞ。

一方、鹿児島の家は、親戚に連絡を入れて銀行に話を通してもらい、担当者と遠隔でやり取りすることになりました。親戚の口添えがあったため、恐らく大丈夫だろうとは言われていましたが、案の定、審査には時間がかかりました。働けど働けど信用は得られず。フリーランスの世知辛さです。

審査を待っている間に、合宿免許の日程が迫ってきました。久保さんにまだ審査の結果が出ないことを伝えると、合宿で宮崎に来るのであれば、ついでにリフォーム会社さんを紹介してくれるというのでお願いすることにしました。

システムを作ったもん勝ちの見積もりサイトには加担せず、この繫がりを大事にしたほうがいい気がします。誰にも中抜きさせず、霧島にお金を落とすのだ。

2週間分の荷物をトランクに詰め込んで、2か月も経たずして再び鹿児島へと向かいました。こうも往復していると、鹿児島との行き来にもいい加減慣れてきて、それが自分にとってそこまで苦ではないことがわかりました。きっと、車の運転ができたら尚のこと。まだ本審査が通ったわけではないのに、売主さんの許可を得て、久保さんと霧島の家に向かいました。自らも現場に立つという筋骨隆々の建築設計事務所の代表に、動線なんて知ったこっちゃない一軒家ワンルーム計画を伝え、ベースとなる見積もりをとってもらうことにしました。新たな巣作りの開始です。

25年前の映像が、青春気分に水を差す

合宿が始まる前日は、教習所近くにある鯉料理が有名な宿に泊まりました。夕食は鯉料理に次ぐ鯉料理が登場し、一生分の鯉を食べて眠りにつきました。翌朝は、旅館のご主人が教習所まで送ってくれることになっていて、同乗している間に新燃岳が噴火したときの話を聞いてみることにしました。

2017年の噴火で火山灰が川に流入したことがニュースに流れた際、被害を受けた農家ばかりか、被害を受けていない周辺一帯の農家も取引を止められたり、勘違いを吹聴されたりと大変だったとのこと。やっぱり現地の人の声を直接聞くのが一番です。

教習所は開けた場所にあって、周辺はチェーン店がぽつりぽつり。山と畑に囲まれていて、謳い文句通り、星が綺麗に見えそうです。

同じ日に入校したのは、私を含めて10人。想像していた通り、どう考えても私が最年長でし

た。若さがキラキラと輝いていて、東京ではすっかり見なくなったヤンキー衆3人も、この歳になると可愛らしく思えます。

スケジュールを確認することすらせず、勝手に日曜日くらいは休みかなと思っていたら、そんな甘いものではありませんでした。朝から夕方まで学科と実技が詰め込まれ、夜は「満点様」というアプリを使った試験があります。生徒達から倖田來未《こうだくみ》と呼ばれていた担当教官からは、ハートがたくさん鏤《ちりば》められた励ましの言葉やフィードバックが届き、そのうえ、私には仕事もありました。

徒歩1分の距離に寮があって、食事は隣接しているスーパーか、歩いて10分の持ち帰り専門チェーンのほっともっと、もしくは歩いて20分のコンビニしかありません。ファミリーレストランのお弁当付きプランもありましたが、なんだかそれも侘しくて付けなかったのに、散歩の時間ができるだけで内容は大して変わりませんでした。

褒めて伸ばすタイプの教習所のようで、教官はみんな穏やかでにこやか。この歳になって怒られるのはダメージが大きいので、そのスタンスは助かりました。なかには「ルールを守ることはもちろん大切なんだけど、僕が伝えたいのは運転の楽しさなんです」と、素敵な言葉を放つおじさん教官も。

両側にレンゲ畑が広がる開けた道や、ヘアピンカーブがある山道、教習車以外1台も見かけない高速道路など、この教習所だからこそ走れる道があって、それがとても楽しく、同時に東京で車を走らせることは決してないだろうと思うのでした。死が早まるだけです。

学科も、そもそも授業が久しぶりだったので、その状況自体に心踊りました。

ただ、授業中に流れる映像は、どう考えても90年代に撮影されたもので、そこに登場する女の子は、今はなき懐かしいブランドを身につけていました。

後に事故を起こして多額の賠償金を背負う男の子が乗っている車はBMWで、みんな一軒家に住んでいる設定です。バブルはとっくに弾けているはずですが、それでも登場人物や街並みを見ていると、この20〜30年の間に日本がどんどん没落していったことに気づきます。そして、この映像が撮りなおされることなく、今でも使われていることにも切ないものを感じました。

20歳年下の移住の先輩に聞くブラックなお話

日が経つにつれ、だんだん生徒達の間でも交流が始まりました。最初に私に話し掛けてきたのは、沖縄からやって来たという金髪パーマの男の子。「満点様、終わりました?」という言葉をきっかけに、他の人とも話すようになりました。

ハタチ前後という彼らの年齢を考えると、当然私は母親に近い年齢だと思いますが、みんな自然に話し掛けてくれます。

ある日の夜、ゴミを捨てようと外に出ると、その内のひとりがタバコを燻《くゆ》らせながら天を見上げていました。空にはたくさんの星が瞬いています。

「何してるの？」と声を掛けると、彼は痰をペッとはいて、「流れ星、見えるんすよ」と言いました。そして、「俺、明日誕生日なんすよ」と。

そこから、いろいろな話をしました。

彼が17歳のとき、先輩から東京でいい話があると誘われて、家出同然で東京に行ったこと。職場は目黒のラーメン屋で、週6で朝10時から夜1時まで働いたのに月給23万円だったこと。寝る時間がないので店の近くに借りたアパートの家賃が9万円だったこと。

散々コキ使われて、また先輩に「いい儲け話がある」と言われたとき、それを断って鹿児島に戻ってきたそうです。実家に帰ると、母親は大号泣で迎えてくれて、今はひとり暮らしをしながら、彼がいない間に再婚していた母親の相手の職場で、一緒に働いているとのことでした。

私が霧島に移住しようとしていることを告げると、彼は驚いた様子でした。

「東京から霧島なんて、すごいっすね」

「17歳でひとり鹿児島から東京にやって来るほうがすごいよ」

本当にそう思うのです。今考えれば、私は東京から離れたことはなく、学生時代は敷かれたレールを走っているだけで、そのレールに大した疑問も抱きませんでした。

「俺、何も考えてないだけすから」

剃り込みが入っていたであろう髪型に、細い眉毛。でも、照れ臭そうに言うその姿は、まだ20代前半の純朴な青年に見えるのでした。

私が不動産会社にお世話になっている話をすると、彼も同じように家を仲介してくれた不動産会社のおばちゃんから連絡が来て、ご飯はちゃんと食べているのか聞かれ、たまに食事に連れて行ってくれるのだそうです。

東京が失いかけている何かがそこにあって、その気持ちをお互いに共有できた気がしました。私が移住しようとしている理由も、少し伝わったように思えます。

「俺、23になるんすよ。もう終わりっすよね」

「私42で、まだまだこれから！　って思ってるのにやめてよね！」

ふたりで笑い合って、「やべ、満点様やらないと」と彼が言うので時計を見ると、既に0時を回っていました。

部屋に戻る背中に「お誕生日おめでとう！」と言うと、彼は振り返って、また照れ臭そうに「うっす！」と言って帰っていきました。

翌日の学科の時間、彼は後方の席で授業を聞かずに満点様に取り組んでいました。

出会いと別れ、一期一会の2週間

合宿生活も1週間が過ぎ、毎日の食事がつらくなってきました。手料理が食べたい……。手作りの夕飯にありつくためには、30分以上歩いて駅の周辺まで行くしかなさそうです。普段から登山もやることだし、それくらいならと夕べの散歩がてら歩いて行くことにしました。

調べてみると、その時間に開いていて、歩いて行ける距離に飲食店は3軒。ところが、実際に行ってみると、ひとつは既に休業していて、もうひとつは定休日。行ったり来たりでかれこれ1時間近く歩いて来たのに、空腹でまたコンビニ弁当に逆戻りはつらすぎる。最後の一軒である居酒屋に望みをかけて重い足取りで向かうと、赤提灯が朧《おぼろ》げに光っていました。

暖簾を潜ると、4人掛けのカウンターに3人組が座っていて、残りの1席に通されました。おじさんふたりとおばさんひとりで構成された3人から興味深そうな視線が飛んできます。

席につくとすぐに隣のおじさんから声を掛けられました。教習所から歩いてきたことを伝えると、あそこから歩いて⁉　と驚かれ、そこからなぜこの場所を選んだかに始まり、職業やら結婚歴やら根掘り葉掘り聞かれました。

そこで、こちらも負けじと同じように質問を投げかけると、地域の話をたくさん聞くことができました。ひとりの方は時計屋さんで、町では最後の一軒。跡を継ぐ人もいないとのことでしたが、第九を歌うことが趣味で年末を楽しみにしているそう。

残りのふたりはご夫婦で、観光課にいた経験から地域の名勝をたくさん教えてくれました。歴史に始まり、鹿児島弁と宮崎弁の違いや、そこで暮らす人々の違い。その地に刻まれた過去と今の状況。話すにつれて3人の酔いも回っていきます。地元への愛がビシビシと伝わってきました。教習所で禁止されているからとお酒は断っていましたが、一杯くらいと何度か言われ、じゃあ一杯だけというと、お店の女将さんが私に小さな声で「ごめんね」と言って、ごく薄い焼酎の水割りを作ってくれました。

3人は水のようにお酒を呷《あお》り続け、へべれけになったところで代行タクシーを呼ぶことになりました。「ここで奢らなきゃ宮崎県人の名が廃る」とすべて支払ってもらい、教習所まで送り届けてくれました。

第九を歌うときは連絡すると電話番号を交換しましたが、果たして連絡が来るかどうかはわかりません。今まで日本中を旅してきて、その後連絡を取ることはないけれど、スマホには思い出を紡ぐ番号がたくさん登録されています。

ミクロの視点で見るひとつひとつの出会い

教習も終盤に差し掛かってきたとき、最初から誰とも話さずにひとりで過ごしていた女の子に話し掛けてみました。応急救護の教習のとき、見ると、全身登山ブランドで固めていたので、これはと思ったのです。

彼女は中国からきた留学生で、東京の大学を卒業したばかり。今は新宿に住んでいると聞いて、遥々関東からやってきたのは私だけではなかったことを知りました。学校ではジェンダーの研究をして、今は日本のゲーム企業に勤めようと思っているとのこと。予想通り、東京周辺の山々を登っていて、登山のために免許を取りにきたそうです。いつか一緒に山に登ろうと約束しました。

もうひとり印象に残っているのは、福岡で水道工事をしている23歳の男の子。今、日本のインフラは老朽化が進み、橋やトンネルの半数は数年後には耐用年数を超えると言われています。水道管の老朽化も深刻で、たびたび取り沙汰されてきた問題です。

その話を彼にすると、「もうボロボロっすよ。サビだらけ。2、3年後まで仕事びっしり入ってますもん」とひと言。やはり、そうか。彼がいないと、飲み水が危険に晒されるんだなあと思うと感謝せずにはいられないのでした。「日本の水道、よろしくお願いします！」と言うと、笑顔でビシッと敬礼をキメてくれました。

倖田來未教官は私のふたつ上で、3人の子どもを育てるお母さん。一番下の子はなんとまだ1歳。あまりにも突然の離婚にうちひしがれていたところに、突如として現れた再婚相手とのお子さんだそうです。LINEでのやり取りを続けるうちに、歳も近いことからお互いの境遇を話すようになり、私のこれからをたくさんのハートマークで励ましてくれるのでした。

マクロの視点とミクロの視点。このふたつを私なりに大事にしてきました。

ひとつの現象を社会全体で見たときにどう見えるか、個々で見たときにどう見えるか。よく〝平均〟の概念が使われますが、平均は個を覆い隠してしまいます。現場の人の声を拾うのは、平均に惑わされないため。格差が広がっていったとき、この平均の概念を用いて社会が語られてしまったら、そこには格差など存在しないことになってしまいます。

たった2週間で、経験値が飛躍的に上がった気がします。このひとつひとつの出会いが、何に結びつくかはいざ知らず、いつか自分で車を運転してこの町に再びやってこようと思いました。仮免ではふたり落ちてしまい、結局卒業式は8人で行うことに。校長先生から話があり、その後スクリーンに映像が映し出されました。

交通遺児の話があり、そのうえで教官達がどんな思いをもって指導にあたっているか、その思いが文字で起こしてあって、背景には教官達の指導風景や卒業していった生徒達の写真が映し出されます。実は教官のなかのふたりは夫婦で、結婚式の模様が映し出されたときは、生徒から軽いどよめきが上がりました。

映像が終わると、後ろの扉から教官達がぞろぞろと入ってきて、全員並んで私達に一礼し、最後は教官と生徒全員で記念撮影。それぞれ、担当教官からひと言入ったメッセージカードを受け取りました。なんなんですか、この青春は。高校の卒業式では一切泣かなかったのに、歳なのでしょう、なんだかほろりときてしまいました。

東京に戻り、鮫洲で学科試験を受けたところ、満点様の効果は覿面《てきめん》で、無事に合格することができました。

免許も取った、あとは物件に託された本審査の結果のみ。

銀行の担当者に進捗状況を聞くために連絡をして、話の流れでマンションを持っていることを伝えると、早く言ってくださいよとばかりに、それを担保にすんなりローンが通りました。もともと売る運命ではなかったんだなあ。目黒の家との縁を改めて感じます。

鹿児島の家の月々の返済額は、東京だと築50年の1Kの賃料。それで、120㎡の平屋、プラス大きな畑。うむ。

ローン、免許、リフォームの手配。全部、終わった。終わったぞ。始まっちゃうぞ。

教習所を卒業して1か月後、私は人生後半を過ごす巣を手に入れるため、また鹿児島へと向かったのでした。

9

男はいなくても家がある。43歳のバースデー

天にまします我らの父よ。願わくは御名をあがめさせたまえ

仕事が立て込んで、契約日をいつにするか考えあぐねていましたが、たまたま兄が鹿児島で仕事があるというので、そのタイミングに合わせて私も鹿児島入りすることにしました。免許取得後に初めて運転するにあたって東京は恐ろしく、最初に助手席に乗せるのが身内というのはなんとも湿っぽい話ですが、ちょうどおあつらえ向きの相手なのでした。死なせたらごめんよ、お兄ちゃん。

仕事をどうにかこうにかして鹿児島へ行ける日程を不動産会社の久保さんに伝えると、司法書士さんの都合を調整してくれて、「契約を8日にしましょう」と連絡がありました。その日は奇《く》しくも私の誕生日。やはり、運命のようなものを感じずにはいられません。

鹿児島市内に住む親戚に、兄と共に改めて父の死を報告し、せっかくだからとクリスチャンである親戚に伴って教会のミサに出席しました。

私は小さい頃、クラスの友達に誘われて近所のプロテスタント教会の聖歌隊に所属していま

した。日曜日は午前中に牧師の話を聞いて、午後は聖歌隊の練習。夏はサマーキャンプという名の合宿をして、クリスマスはガウンを着て参列客の前で讃美歌を歌いました。

他の子達は多くが親の影響で既に洗礼を受けていて、聖歌隊に所属して数年が経った頃、牧師から洗礼を受けないかと声を掛けられました。

洗礼を受けるとできなくなることはあるのか尋ねたところ「お寺や神社に行ってはダメ」だと言われました。私が知っている神様はそんなに心が狭くないのに、なぜ。

それがちょうど塾に通い始めた頃と重なって、これを機に私の足は教会から少しずつ遠ざかっていきました。

ところが今度は母が興味を持ちだして聖書を読み始め、最終的に顔中に腫瘍を携えながらカトリックの教会で洗礼を受け、その数か月後に天国へと旅立っていきました。遺骨は藤原家のお墓に半分、残りの半分は四谷にある聖イグナチオ教会に眠っています。

母の闘病中、聖書の勉強会を開いていたシスターが病室で祈りを捧げてくれて、母が亡くなったあとは母の遺志を継ぐように父が勉強会に参加するようになりました。父が洗礼を受けることはありませんでしたが、葬儀はそのシスターにお願いしてキリスト教式で行いました。

そんなこんなで、私にとってキリスト教のミサは馴染み深く、三浦綾子の『道ありき』に影響されて洗礼を受けた親戚からの誘いも、私達にとっては日常のひとコマなのでした。

誰かしらに怒られそうですが、教会でも神社でも寺院でもモスクでも私がやることは一緒。

温かく厳かな空気が流れるこぢんまりとした教会で、父を思って祈りを捧げました。

そこで暮らすということ、そこで生きるということ

久保さんからは危ないからやめておいたほうがいいと言われましたが、ハンドルにしがみつくように高速を走らせ、ときどき兄を驚かせたり運転を交代してもらったりしながらなんとか空港まで送り届けることができました。ほっとしたのも束の間、今度は契約のために霧島市街へと向かいます。

ここからは、免許の学科試験前にも励ましのメールをくれるなど、もはや親戚のおじさんと化した久保さんがアテンドしてくれることになっていました。

東京で登記や担保に関する必要書類の準備を済ませ、契約の前日は住民票の移動やら印鑑証明の取得、地銀での口座作成に火災保険の申し込みと、予定がぎっしり詰まっています。市役所に銀行にラーメン屋にと、久保さんが国分の街を案内しながら巡ってくれました。

市役所で本籍も移すかどうかを聞かれ、一瞬迷いました。実家から目黒のマンションへ移したときはなんの疑問も抱かなかったのに、今回は生まれ故郷の東京から両足が離れる感触がします。

でも、鹿児島で暮らしている人達に認めてもらうということは、そういうことなのかもしれません。

地元民と移住者のトラブルを聞かないわけではありません。東京からやって来たコンサルが補助金でちょろっと事業を興して、継続することなく次の町へ移っていってしまう話。自治会に入らない移住者が、住民で守っているサービスを勝手気ままに利用して怒りを買っている話。高齢者が若い移住者にあれやこれやと押し付けて移住者が疲弊してしまう話。一挙手一投足を監視されて、その状況に嫌気がさしてしまう話……。

森永卓郎さんは「失敗したら戻ればいい」と言っていました。

友達も「意外と2年後には東京にいたりしてね」と言っていました。

東京の仕事で食べていて、東京と行ったり来たりするであろう私が、東京から離れた足を鹿児島の土に埋めて根を張ることができるかどうかわかりません。でもだからこそ、中途半端にしたところで東京に戻る口実がひとつ増えるだけのような気もします。

「本籍も移します」。そう言うと、心なしか久保さんも嬉しそうに見えました。

若い頃、私は海外だろうとどこだろうと、みんな住みたい場所に住めばいいと思っていました。これからの時代どこにいたって仕事ができるし、可能性は無限大。終身雇用なんてばからしいし、みんな好きなことをして、それをマネタイズすればよかろうもん♪　あーん、素晴らしい時代が到来しちゃうかも！　と、大学で学んだことなどすっかり忘れて、好きなことだけやって生きていこう、ルルル♪　とフリーランスになったのでした。でも、今思えば、そんな妄想は頭空っぽの戯言で、今でも当時の自分を深く反省しています。

その土地を愛して守ろうとしている人、家族のためにその地に残る人、その地を離れたくても離れられない人。個を見ていけば、たまたま自分が自由に生きられる環境にあるだけなのでした。経済学に疑問を抱くのはその点で、何やら人間が賢く合理的に動くものという前提で話がなされているような気がします。でも、蓋を開けてみれば、人間はどこまでも愚かで、悉《ことごと》く泥臭く、とことん非合理な生き物なのでした。そもそも人間が合理的な生き物だったら恋愛なんてするはずがないわけで。合理という枠にはめられても、ただひたすらに苦しいだけ。予測不可能なことを予測可能なこととして語る経済学は、哲学をセットにして学んだほうがいいんじゃなかろうか。

バースデープレゼントという名のふたつめのローン

契約の日。43歳の誕生日。

霧島にある地方銀行の小部屋で、売主さん、久保さん、司法書士さんが顔を揃えて、銀行の担当者の指示のもと実印をばんばん捺きまくる会が始まりました。目黒のマンションを買うときもそうでしたが、言われるがままに判を捺いていく作業はなんとも虚無感が募ります。説明を受けて内容を理解し、吟味することよりも、早く美しく捺印することが求められる謎の時間。すべての作業が終わって、資料を銀行の担当者が持っていき、4人でその戻りを待っていました。売主さんは近所でひとり牛を育てていて、自治会も一緒とのこと。気のよさそうな方で安心です。牛も見たい。肉牛の生態、見たすぎる。

　事前に、梅雨が明けてから土を起こして畑にすることや、家祓《やばらい》をしたあとで引き渡すことは聞いていたので、すぐに自分のものというわけではありませんが、もう目と鼻の先に新生活が控えています。期待7割、不安2割、その他1割の奇妙な感覚でした。

　4人で世間話を続けること1時間、いつまで経っても担当者が戻ってきません。途中で、「それにしても遅いなあ」と司法書士さんが口にしましたが、誰も呼びに行くこともなくそのまま時は流れていきました。

　やっと担当者が顔を出したかと思ったら、あっちはあっちでこちらが出て来るのを待っていたとのこと。これが霧島時間なのでしょうか。司法書士さんも銀行の担当者さんも、客の私に、互いのミスだと小声でごにょごにょ言いましたが、私としてはそんなことより誰も急いでいないのが新鮮で、実際に暮らす前に売主さんと交流できるいい時間になりました。

　そして私は、その場にいる全員に〝なんだかな〟という空気が漂うなかで、ぬるっと一軒家の持ち主になったのでした。この家は、祖母と亡くなった両親からの誕生日プレゼントのように思えました。

　父が亡くなったとき、「きっと真理ちゃんが、『もうそろそろ行くわよ』って連れていったんだね」と両親を知る人が口々に言いました。真理ちゃんとは母のことで、父は母のことを真理ちゃんから派生した〝バイボン〟という不思議なあだ名で呼んでいました。

49歳で亡くなり、社会人としての私達を見ることができなかった母が、仕事の活動の場を広げる兄に、移住を決めた私に、これ以上心配をかけないよう父を呼んだのだと。

それは、生きていた頃のふたりの関係性をまさに象徴しているようで、母ならさもありなんと思えてならないのでした。最後に父から誕生日プレゼントをもらった記憶は、遥か彼方にぼんやりとあるだけですが、最期に大きなプレゼントを用意してくれたようです。

かくして私はローンをふたつ抱えながらも、いよいよ鹿児島の家を手に入れるに至ったのでした。

進むを知りて退くを知らず。行ったれ行ったれーい！

家を買ったはいいものの、別に必要に迫られているわけではなく、東京での仕事は淡々と続いていきます。仕事に合わせていたら、いつまでもずるずると東京に居続けてしまいそうなので、期限を設けることにしました。

畑の整備やリフォームとの兼ね合いを考えると、3か月後には引越すことができそうです。……3か月後？　自分で決めておきながら、意外と時間がないことに焦燥感が芽生えました。ここまで何かに引っ張られるように移住に向けて走り続けてきましたが、まだ何も準備ができていないような？　でも、もうこの勢いのまま行ってしまいたい。この時点で、頭のなかは次の展開に向かう高揚感でいっぱいでした。

友人の数名にはなんとなく話していたものの、肝心のクライアントにはまだ何も伝えていません。移住すると伝えたら、東京にいる必要がない仕事だとしてもやっぱり離れていく人もいるでしょう。特にファッションの編集の仕事に関しては、撮影やコーディネートもあるので、今のペースで続けることはまず無理な話。本数を減らせば可能ですが、世の中そんなに甘くないことも知っています。

一方で、コロナの影響もあってか、東京にいる必要のない仕事の割合も増えていきました。インタビューをＺｏｏｍで行うこともあるし、ライティングだけの仕事の場合は打ち合わせをリモートで行うだけで完結することも。

とはいえ、コロナウイルスが拡大している最中であっても、頑として対面の打ち合わせを貫く企業もありました。そんなに広くない部屋に、恐らくここにいなくてもよさそうな人も含め10人が集まって打ち合わせをしていると、やっぱり今後がどうなっていくのかよくわからなくなるのでした。

今進めている仕事を考えても、そろそろ告白せねば……。仕事を辞めるわけではないので、メールでわざわざ伝えるのもなんだか違う気がして、兎にも角にも会う人会う人に移住することを伝えていきました。

私にとっては既に距離を感じていない鹿児島でも、多くの人にとって鹿児島はやはり遠い南の県のようで、「なんで鹿児島⁉」とたびたび驚かれました。長いこと、移住するする詐欺を繰り返していたので、なかには「やっとか！」という反応も。「最後に仕事ができてよかった」と言われたときは、あぁ、この人からはもう仕事は来ないんだなと小さく傷つくこともありました。

ところが、徐々にポジティブな反応が起こり始めました。風の噂で聞いたという友人から久しぶりに連絡があったり、鹿児島に住んでいる人を紹介したいと言われたり、鹿児島に行ってもできる仕事を打診されたり。九州出身の人達が急に親近感を持ってくれた気もします。

凪いだ水面に落ちた雫が、ゆっくりと波紋を広げていくように、何か行動を起こせば、何かが動き出す。それは数字では換算できない予測不可能な出来事で、ずっと経験してきたことのように思います。

行動を起こしていれば、結果はあとからついてくる。何が起こるかはわからないけれど、前進あるのみ、猪突猛進。

いつかは誰もいなくなる憧れのマイホーム

1か月後、久保さんから整備された畑と、清掃後の室内の写真が送られてきました。

畑は雑草だらけでまるで見えなかった地面が姿を現し、倒木は綺麗になくなっています。生きている木は残してほしいと伝えてあって、点々と5本の梅と柿の木が立っているだけです。

室内は畳が上げられていて、板の間が顔を出していました。サザエさんの家は窓だらけで、壁を取っ払って一部屋にすることを考えると、カーテンを先に買っておかなければ外から丸見えです。照明もまったく数が足りません。

今住んでいる家のものを全部持っていけば生活は成り立ちますが、広さが3倍になることを考えると家具は揃えたいし、大好きなウィリアム・モリスの壁紙も3種類は貼りたい。デスクは庭が見える窓に向けて置きたいし、仏間は本棚として活用したい。

モノがすっかりなくなった部屋を見て、予算そっちのけで妄想がむくむくと膨らんでいきました。

恐らく私は相当面倒くさい客で、こと細かくああしたいこうしたいと要望を並べ連ねました。業者の方も、普段は一般的な動線を確保した住宅を作ることがほとんどだそうで、私がやりたいことに最初は訳がわからない様子でしたが、徐々に理解が深まっていくのを感じました。

少しずれると意味をなくす総柄の壁紙を貼ることが稀らしく、クロス職人さんが腕を鳴らしていると聞いて、私の心も弾みます。日々送られてくるリフォームの進捗動画が、お任せにできない私の密かな楽しみでした。

予算との兼ね合いで提案してもらった床材は3種類ありましたが、どれを選んでも妥協でしかなく、どうしても選ぶことができませんでした。申し訳ないと思いつつ、壁紙と床材だけは自分で発注させてもらうことにしました。

花梨材は高くて手が出ませんが、ケンパス材なら予算の範囲内。赤みがあるブラウンで、だんだんと深みが増していく理想的な経年変化です。木材の価格が急騰している折だったので、東京の下町にある材木屋さんに急いで発注を掛けました。

夢のマイホームづくりは、その名の通り夢にあふれていて、毎日ワクワクが止まりません。私が6歳のとき、父は家を建てました。バブルが始まる少し前で、私が小学校に上がるタイミングでした。

今思えば、壁紙や家具はすべて母が選んだのでしょう。インテリアなどまるで興味のない父と、育ち盛りの子どもふたりによって、その理想が叶うことはなかったかもしれませんが、母なりのこだわりがたくさんあったことを大人になって知りました。

新築の匂い、2階へと続く階段、自分の部屋。今ではもう誰もいない家。

この鹿児島の家も、いつかは誰もいなくなる。だったらと刹那的に生きることは簡単だけど、面白くもなんともない。人の死は突然やってくることを知っているからこそ、いずれ訪れるその日まで、せっせと巣作りに励もうじゃないか。

そのためにも、引越しの前にもう一度、鹿児島に飛ばねばなりません。カーテンのサイズに壁紙に合わせたペンキの色、コンセントの位置に洗面台の高さ、実際に見て決めたいことも決めなければならないこともまだまだ山のようにあります。

今年に入ってもう何度目かわからない鹿児島へのフライトが、私の日常に組み込まれようとしていました。

10 東京のマンションから鹿児島の平屋へ、1000kmの大移動

霧島のゲストハウスで実感する、豊かさとは何か

移住する前に運転に慣れておいたほうがいい。しかも、私の助手席には誰もいないのです。ここからは独学。我が家へと向かう九十九《つづら》折《おり》の山道を走る前に、国分や隼人《はやと》の町を走ることにしました。

すっかり肌に馴染んできた鹿児島空港に降り立ち、レンタカーを借りるためにバスと電車を乗り継いで隼人駅までやって来ました。

空港で借りてもよかったのですが、空港からの道も山道で、小心者の私は公共交通機関でできるだけ近くに行ってから借りることにしたのでした。

地方はどこへ行くにも車が必要。我が家は最寄りのバス停まで徒歩43分。

一極集中を是正せなあかんと言われ続けている一方で、田舎の公共交通機関はどんどん縮小されています。鹿児島でも大隅《おおすみ》半島の大部分は、もう電車がありません。インフラが整っていない場所に人が集まらないなんて当たり前の話で、周辺の畜産農家さんは、今ではベトナム人

労働者がいなければ回らないとも聞きます。人手不足とリストラのニュースが同時に流れる歪さに不穏なものを感じます。

向かったのは、事前に丹念に調べて見つけた地元密着型のレンタカー会社で、大手と比べて破格の値段でした。システム化されていない分、返却の時間なども柔軟に対応してくれます。

今まで旅をしてきて、田舎で暮らす人達の柔軟性にしばしば驚かされてきました。小さな島でレンタルサイクルを借りたとき、営業時間内に戻れなそうだと伝えると、店の前に置いておけばいいと言われたこと。温泉の受付に百円玉が並んでいて、お金を入れて勝手にお釣りを取っていくよう指示が書いてあったこと。それまで大したトラブルもなかったのでしょう。店と客との信頼関係がなせる業《わざ》に思えました。

おっかなびっくり真新しい軽自動車を走らせて、１週間お世話になる宿へと向かいます。以前も滞在したことがある日当山《ひなたやま》という町の民泊で、勝手を知っているので安心でした。ユキさんという男性が住んでいる自宅の2部屋を貸し出していて、お隣にはパートナーのメイちゃんが住んでいます。そして、人見知りの美しい雌猫、コムギ。

普段、旅をするとき、ゲストハウスに泊まることは滅多にないのですが、前回訪れた際、移住への気持ちが朧げながら頭にあったので、地元の情報を得るために民泊を選んだのでした。

そのとき、移住の話はまだ蜃気楼のように遠く霞んでいて、ふたりの「ぜひ移住先に霧島を！」という言葉も、私の「霧島に住めたら最高ですね！」という言葉も、その場にふわりと浮かんで消えただけで、まるで実を伴っていませんでした。

だから、私が移住を決断して、リフォームの相談があるから、また滞在したいとオファーしたとき、ユキさんもメイちゃんも心底驚いた様子でした。

メイちゃんは若い時分に中国から単身シンガポールへと渡り、大学を卒業して日本にやってきて、今は大手のキャッシュレス決済を手がける企業でプログラマーとして活躍しています。

当初は東京で働いていたものの、ほぼリモートワークということもあって、パートナーであるユキさんの元に引越してきたのでした。中国語と英語と日本語を操る若き才女が、東京ではなく鹿児島を選んでいることに価値観の変化を垣間見ます。

大量の仕事を持ってきてしまったため、毎日一緒にご飯というわけにはいきませんでしたが、もう少し経ったら私は霧島の住人になって、ふたりはご近所さんになるのです。霧島のお友達、第一号はこのふたり。

ゲストハウスはお風呂のお湯も温泉で、ウッドデッキには足湯もあります。あぁ、なんという贅沢。人見知りのコムギは、たまに私の部屋に入ってきますが、愛想を振りまくわけでもなく、いろいろな匂いを嗅ぎ回っては、つまらん女だと部屋を出ていきます。そのくらいの関係性が心地よく、ゆるゆるとした時間の流れに包まれながら、仕事を猛スピードでこなしていきました。

霧島時間に合わせて生きていきたいけれど

やるなら今しかねえ。心に長渕剛を携え、お弁当3つとペットボトルのお茶を購入し、覚束《おぼつか》ない運転で我が家へと車を走らせます。

葵の御紋ばりに初心者マークをアピールしつつ、右にハンドルを切り左にハンドルを切りを繰り返しながら、ときに真横を走るトラックの重圧に耐え、ときにラインを大きくはみ出し、たった15分ほどの距離なのに、どうにかこうにかやっとの思いで現地にたどり着きました。

玄関の引き戸を開けると、なかでは3人の屈強な男性が汗をだらだら流しながら作業に勤しんでいます。かつてそこにあった壁はすべて取り払われ、柱だけが姿を現し、広々とした空間に生まれ変わっていました。

「すごい！　嬉しい！」と思わず声に出して、スキップせんばかりに部屋中を歩き回ります。床は半分くらいが貼り終わっていましたが、まだ床材が堆《うずたか》く積まれていました。ここから水回りが搬入され、壁紙が貼られ、壁の色が変わり、巣の大枠が整います。

届いていた壁紙の色と、持参したペンキのチップを並べてどの色にするか散々迷い、洗面台で洗顔のシミュレーションをして高さを決め、壁に取り付けるランプシェードの位置を指定し、余った壁紙は鴨居へと……ぽわぽわぽわぽわ～ん。

た、楽しすぎる。

実家に置きっぱなしにしていたレコードも、手塚治虫全集も、これなら持ってくることができそうです。

「（どうかなにとぞ丁寧な作業を）よろしくお願いします！」

夢のような時間に心を満たされ、笑顔で挨拶をして家を出ました。

出発する際、車の切り返しができなくて、早々に泣き言を言って出庫を代わってもらいました。頼れる人がいれば頼る、末っ子が覚えた世渡りです。

でも、もしこのまま地域で人口減少が進んでいけば、私が頼る人もいなくなります。そして当然、運転もこのままというわけにはいきません。ひとり、ここで生きていくのです。

ゲストハウスに戻ると、やっと帰ってきたかアホンダラと、仕事が腕を組んで待っていました。夢から現実への落差がひどい。

執筆と校正の間に、リモートの打ち合わせが入ってきます。このときは、化粧品会社の広告の仕事で、相手は5人の代理店チームと、私に仕事を打診してくれた制作会社にいる元同僚です。全員リモートの打ち合わせにすっかり慣れていて、7人いても無駄なくスムーズに進行していきます。この流れを止めるのは悪である。ついていくべし、ついていくべし。意見を求められたら、的確な答えを変な間を開けずに答えるのだ。デキる風、イケてる風、デキてもイケてもいないけど、なんとなくそんな感じも出しておけ。6畳の和室でも白壁ならいけるだろ。別に合わせる必要なんてないけれど、多勢に無勢であります。

打ち合わせ終了後、元同僚から「見た目だけなら右下かな」とＬＩＮＥが来たので、「わかる。私も右下」と返しました。効率的であることに興味のない私達の、これくらいの遊びは許してください。

今回の霧島への旅は、運転の練習やリフォームの確認と共に、遠距離でのリモートワークに慣れておこうという思いもありました。

ちょうどそのとき、不安から自分のキャパを忘れるフリーランス病に罹患していたため、明け方まで仕事をする羽目になりましたが、それでも、ここには足湯があって、夜になれば束の間、星を見上げることができます。

このひとときがあるのとないのとでは、ストレスがだいぶ違うように思いました。

やっていることは東京にいるときとさほど変わらないけれど、夜が静かというだけで、心の安寧が保たれる気がします。

やっぱり、移住を決めてよかった。

引越し会社を選ぶ基準はスピード感と人間力

東京に戻ってきてからもフリーランス病は続いていたので、忙殺される日々が目まぐるしく過ぎていきました。その間もリフォームは着々と進み、畑の雑草はぐんぐんと伸びていきます。

気づくと引越し会社に依頼する時期が迫っていました。

今回は鹿児島の会社にお願いするわけにもいかないので、友人の話やネットでの口コミを頼りに、引越し会社にそれぞれ連絡を取ってアポイントを取り付けました。まとめて見積もる業社に中抜きさせず、引越し会社に直接お金を落とすのだ。

1社めは、大手の引越し会社で、営業の人は中国人の男性でした。家に入る前にソックスの上からビニール袋をかぶせ、こちらが声を掛けるまで座ろうともせず、敬語やビジネス用語もマスターした完璧な日本語を流暢に話します。

足を崩してくださいと言っても崩すことなく、真摯にひとつひとつの費用について話してくれました。私が相見積もりを取ろうとしていることは端からわかっているようで、他社の状況を聞かれ、3社すべての見積もりが終わった時点で連絡を入れさせてくださいとのこと。出したお茶には一切手を付けなかったものの、帰るときになってそれを一気に飲み干しました。侍か！

続いてやって来たのも大手の引越し会社。若い男性で、どちらかというとフランクな雰囲気です。ホームページからの申し込みということで、なぜか2kgのお米をもらいました。こちらはソックスそのままで、早々に「足を崩してもいいですか?」とひと言。これが1社めならそんなことでなんとも思わないのに、侍が基準となってしまったあとでは少し物足りなく感じます。人間とは欲張りな生き物です。

別に彼が引越し作業を行うわけでなし、そこで比較しても仕方ないと話を聞いてみると、最初に金額を提示されて、こちらが何も言わないうちに値引きした金額を提示されました。1社めの金額を聞かれたものの、それには答えないでいると、上司に電話をし始めて談笑したかと思ったら、また急に金額が落ちました。

金額が下がっていくたびに、誰かに皺寄せがいっているように思えて、あまり気分はよくありません。あるいは元々このくらいの金額なのに、わざと最初に吊り上げて提案しているのか。まあ、そりゃそうなんだろうけど、いずれにせよ、いまいち信用がおけませんでした。

最後にやってきたのは、中小の引越し業者で、テンションは侍とフランク青年の中間くらい。彼から話を聞いてわかったのですが、東京―鹿児島間になると基本的には大手の引越し会社しか受けていないそうで、支店がない企業は、地元の別企業と協力しながら荷物を運ぶとのこと。途中で別の人の荷物を乗せたり、別の車に詰め替える作業を行ったりと、工夫しながら運ぶなかで、荷物の入れ違いなどのリスクも生じるそうで、わざわざこの会社にお願いしなくてもいい気がしました。

そして、リスクについて説明してくれたのは好印象でしたが、途中から別の企業の軽い悪口を挟み始め、金額は最初の侍の提示金額よりも高くなりました。

話を聞いてわかったのは、鹿児島への引越しは中1日必要だということ。引越し代金は30万円弱。すっかり鹿児島との距離が縮まった気でいましたが、現実はやはり1000km離れた僻遠の地なのでした。

大きくかけ離れているわけではない3社の提示金額や条件を見比べていると、1社めの侍から連絡が入りました。対応が早い。2社めの金額を聞いて、荷物量の読みが甘いのではないかと訝《いぶか》しみながら一度電話を切り、次の電話で2社めよりほんの少し低い金額を提示されました。

この金額を他社に見せて、さらに値切ることもしたくなく、結局その日に残りの2社からは連絡がなかったので、翌日1社めの侍に連絡を入れてお願いすることにしました。

15年間を共にした住まいに、笑顔でしばしのお別れを

日に日に東京の部屋のなかが、段ボールで埋め尽くされていきます。

割れ物には赤いテープ、すぐ使う物には黄色いテープを貼るように指定されていて、食器類にはクッションがあらかじめ取り付けられた専用のボックスがあります。クローゼットのラックにかかった服とクリアケースはそのまま持っていってもらえるそうで助かりました。

段ボールに囲まれながら仕事をして、気分転換に荷物を詰める日々が続きます。毎年、不要なものは処分しているはずなのに、43年間の蓄積は想像を遥かに超えていました。懐かしいものが出てきても感傷に浸る余裕などなく、淡々と事務的に荷物を詰め込んでいきます。

そんななか、友達が送別会をたくさん開いてくれました。時期が時期だったので、ランチやZoomで近況報告をしました。

中高の友達、サークル時代の友達、飲み友達、古巣の出版社時代の先輩、仕事仲間、学生時代のバイト友達……、移住を知った人達が次々に連絡をくれました。いくら忙しくても全部行

く と決めて、新たな門出を祝ってもらうことに。

久しぶりに会う友人もいましたが、時間が空いても毎週会っていたかのように話が弾みます。ひとつひとつの出会いがあって今に至っているんだなあとしみじみ実感しました。私に会いたいと言ってくれる人の存在がただただ有難く、これからもこの縁を大事にしようと思いました。

東京から鹿児島への引越しは2泊3日。飛行機なら2時間。

荷物がなくなったと同時に鹿児島に飛んで、ホテルかゲストハウスで待機しても構いませんが、せっかくならと間の1日を別の場所で過ごすことにしました。

植田正治《うえだしょうじ》の写真を観て以来、一度は行こうと思っていた鳥取砂丘を思いつきましたが、友人が雲仙の小浜《おばま》温泉にあるBEARDというレストランを絶賛していたことを思い出し、底なしの食欲を優先することにしました。

家にいてもできることはどんどん増えていきますが、その味を堪能するには現地に飛ぶしかありません。

いよいよ引越しの前日。私は終わらぬ荷物整理に四苦八苦していました。友人の予想通り、最終的な分別は後回しで、とにかく詰め終わればいいとなんでもかんでも段ボールに放り込む形になりました。

あと1時間で引越し会社が来るというところで、どうにか事を終えました。うつらうつらしているとチャイムが響きます。

玄関に向かうと快活な男女ふたりが待っていました。冷蔵庫も洗濯機もあるのに大丈夫かなあと思いましたが、見守ることしかできません。

もちろんそこはプロの技で、あれよあれよと部屋から段ボールが消えていきます。すべての荷物が運び出され、支払いが終わり、ふたりの若者と私の荷物は旅立っていきました。

残されたのは、わずかな荷物と私だけ。まだ数年しか住んでいない部屋だけど、マンションでいえば、かれこれ15年近くを共にしてきました。段ボールに埋め尽くされていた状態から一転、がらんどうになった部屋を見渡して、この家を売らなくて本当によかったと思いました。これでお別れなんて寂しすぎる。いずれ人に貸すにしろ、また戻って来られるから、「行ってきます」と言うことができます。

さあ、新たな人生の旅のはじまり。その前に、まずは雲仙へ。愛すべき我が家よ、行ってきます！

11

女ひとり＋だだっ広い部屋＋虫の声＝孤独？

旅が好きなら免許の取得はお早めに

機内で泥のように眠って、長崎空港に到着したのは19時35分。場内は閑散としていて、日はとっぷり暮れていました。

夕食を簡単に済ませ、タクシーで5分ほどの小さな旅館へと向かいます。時間が時間で、この日はただ寝るだけだったので、できるだけ空港から近くて格安の宿を取りました。空港でレンタカーを借りて、雲仙から霧島まで走らせるという手段もありましたが、今の運転技術に命を預けるなんて到底考えられません。

着くと、優しそうな女将さんが迎えてくれて、翌日の予定を聞かれました。雲仙に行くと答えると、バスが減便しているから注意したほうがいいとのこと。乗り継ぎがうまくいかなければレストランの予約に間に合わないので、間一髪で難を逃れました。

公共交通機関の旅、しかも明後日の午前中には必ず霧島の新居に到着していなければなりません。とっとと免許を取っておけばよかったのに、本当の必要に迫られない限り腰をあげない自分を呪います。

以前、青森県の大間《おおま》に行った際も、車なら1時間強で着くところを、極寒のなか、時刻表とにらめっこしながら途中で下車して温泉を挟み、下北駅から3時間以上掛けてたどり着いたことを覚えています。時間に雁字搦《がんじがら》めにされながらも、どうにか渡島《おしま》半島のフォルムを肉眼で確認し、念願の鮪《まぐろ》にありつくことができたのでした。

こんなことはしょっちゅうで、うっかり時間を見誤って駅で虚無の1時間を過ごしたり、接続がうまくいかず空いた3時間に温泉を無理やりねじ込んだり、免許がない旅は要らぬトラブルも多くありました。

今までの旅にすべて車があったらと思うと、悔やまれてなりません。自分を納得させるためにも、助手席に慣れ過ぎたということにしておきたいと思います。

旅館の部屋は6畳一間の和室で、窓を開けると目の前に自動車教習所のコースが広がっていました。つい数か月前の淡い記憶が蘇ります。バスの時刻表とレストランの予約時間を照らし合わせて、ルートと起床時間を特定し、まだまだ足りない睡眠時間を埋めるように、この日は早々に眠りにつきました。

ひとり旅の気楽さと、孤食の侘しさ

起きると、外は雨がしとしと降っていました。タクシーを呼び、荷物をまとめて受付に行くと、傘を持っていない私に女将さんが「返さなくていいから」と、ビニール傘を持たせてくれました。そして、波佐見《はさみ》茶のお土産。

バスを乗り継ぎ、小浜温泉近くのバス停で降りて、グーグルマップを片手にお店へと向かいます。見ると、昔ながらの街並みのなかに、馴染んでいるようで明らかに際立つお店が佇んでいます。扉を開けると、既に私以外のお客さんは揃っていて、カウンターは私の席だけがぽっかりと空いていました。

お店の名前通り、カウンターの向かいにはたっぷりと口髭を蓄えた坊主の男性がいて、席には夫婦が2組と親子が1組。そして、ご夫婦に挟まれる形で、得体の知れない43歳のおばさんがひとり。

コースメニューには、最初の「野菜のお出汁」以降は、「冬瓜、梅」「モロヘイヤ、倭寇《わこう》サバ」「青皮甘栗かぼちゃ」「青ナス」……と、具材だけが書かれていて調理方法は一切わかりません。

シェフは決して気取ることなく、一品一品、地元に寄り添った食材について説明してくれます。一方のご夫婦は近所のアイスクリーム屋さんだそうで、提供される食材の生産者の方も知っている様子でした。

　それぞれ素材が活かされていて、シェフの穏やかな人柄がうかがえる繊細で優しい味。野菜ってこんなに美味しかったっけ？

　私がひとりだということもあり、自然と両隣のご夫婦とも会話することになりました。一方のご夫婦は長崎市内から来たそうで、旦那さんはフォトグラファー。東京で活動してから長崎に戻って来たそうで、辿っていけばどこかで繋がりそうなご縁なのでした。せっかくだからと名刺を交換しました。近所に住まわれているご夫婦は奥さまのお誕生日祝い。オーナーとも普段から仲良くしているそうです。

　親子はどうやらお母さんがシェフのファンの様子。雑誌で記事を読んだ話から、さまざまな質問を投げ掛けていました。

　美味しければ美味しいほど、その感動を誰かに伝えたくなるもので、ひとり旅で唯一「やっぱり友達と来ればよかった」と寂しく感じるのは食事の時間です。心のなかで「うまぁぁぁぁぁい！」と叫んで小躍りしながら、何ごともないような顔で黙々と食べるのはなかなか侘しく、ひとりを好んでひとり旅をしているくせに、旅先で食事に交ぜてもらえるのは有難いのでした。

　思えば、八丈島でご飯に誘ってくれたご夫婦や、萩の居酒屋でご馳走してくれたおじさん軍団、温泉旅館で声を掛けてきたご婦人など、その地その地で見知らぬ人達と食卓を囲んできました。でも、鹿児島に移住したら、なんとなく国内旅行はめっきり減っていくような気がします。

大改造!! サザエさんの家、劇的ビフォーアフター

ここでしか味わえない居心地のよさと、ここでしか味わえないご馳走に満足して、あとは温泉に入ればパーフェクトという状況でしたが、そこをぐっとこらえてバスと新幹線と在来線を乗り継ぎ、約5時間掛けて鹿児島へと向かいます。

お店から出たとき、既に雨は止んでいて、そこで気が抜けたのかバス乗り場に女将さんがくれた傘を置いてきてしまいました。どうか、突然の雨から誰かを守ることに役立ちますように。女将さん、すみません。その夜は鹿児島駅の近くに泊まって、翌日の朝、隼人駅で車を手に入れ、そのまま家へと向かう予定でした。買った車はボロボロのワゴンRでしたが、車検でオイル漏れが見つかって、修理のために代車を持ってきてもらうことになっていました。

免許取りたて、車の知識ゼロ、運動神経ゼロの私が最初に乗る車に出した条件は、「山道でも楽に走れる」「ぶつけても、まあいっかと思える」というもので、古いワゴンRはそれに即して提案してくれたものでした。

早めに起きて隼人駅に着くと、車屋さんが待ち構えていました。横に停まっている代車はピカピカの新車で、とても気軽にぶつけられそうにありません。これから乗る車より遥かに性能が高く、愛着を持つことはかなわない代車に乗り込み、霧島の自宅に向かってハンドルを握り

しめます。

白線を踏むと突然鳴るアラーム音に驚かされながら、相変わらずのへなちょこ運転で我が家に到着すると、職人さん達が待っていました。一度、美しく耕された畑は、数か月の間に名もなき草に埋め尽くされていて、再び荒地に戻ろうとしているようです。

前回来たとき、リフォームは未完も未完の状態。それから1か月が経ち、果たして。期待に胸を膨らませながら、引き戸をからからと開きます。

……なんということでしょう。

積まれていたケンパス材はすべて床におさまり、だだっ広い部屋の全貌が露わになっていました。ペンキの色も壁紙に合っていて、わざわざ鹿児島までやって来て決めた甲斐があるというもの。仏壇が置かれていたスペースは本棚へ、床の間はレコード棚へ、それぞれ私仕様に生まれ変わっていました。

匠《たくみ》の技、ありがとおおおおお！

初めてこの家に来たときと同様、部屋いっぱいに光があふれていて、まるで新しい家主を歓迎してくれているようでした。

バス、洗面所、キッチン……とひとつひとつ説明してもらっては納得し、今度はこの壁の色を変えたいだとか、やっぱり棚板をもう1枚増やしたほうがいいんじゃないかとか、これからの生活にふわふわと夢を馳せます。

職人さんが帰るのと入れ違いに、大きなトラックがやって来ました。運転手は若い金髪の女の子で、器用にハンドルを切って車幅ギリギリのアプローチにぴたりと停車しました。見事。以前の巣から運び出された段ボールが、新たな巣に続々と運び込まれていきます。シミュレーションだけはしつこいくらいにしていたので、置き場所の指示に迷うことはありません。さっきまで、トランクだけがぽつんと置かれていた部屋に、急に生活が流れ込んできました。それでも、マンションに段ボールがあったときはパツパツだったはずなのに、この部屋に置かれると一角を埋めるだけで、荷物を必死に詰めていたときとは一転、たったこれだけだったのかと感じました。

利便性がデフォルトになった甘い都会人のハングリーな夜

リフォーム会社の職人さんも、引越し会社さんも、宅配便屋さんも姿を消し、いよいよ新居に大量の段ボールと私だけが残されました。

静か。

鳥の鳴き声が、ことさら大きく聞こえます。

外に出て畑から周囲を見渡しました。空は青くて、広大な畑が遠くまで続いています。遠く遠くに、腰を曲げながら鍬を振るうおばあちゃん。まるで、時が止まっているかのよう。

ここで暮らしていくんだなあと他人事のように思います。標高が少し高いので、麓の町よりも涼しいようです。そよそよと爽風が頬を撫でていきます。まだ、夢みたい。

とにかく、夜になる前にカーテンをつけようと10個の窓にそれぞれレースカーテンと遮光カーテンを取り付けていきます。これだけでもひと苦労です。

四苦八苦しながらベッドを組み立て、全体重を使ってマットレスを引き上げます。シーツやら掛け布団カバーやらをすべて整えて、明るいうちに寝床を確保しました。シーリングライトは全部で13個。家族4〜5人で住む家にひとりで住むわけで、そりゃそうなんだけど、まさかこんなに必要になるとは。

明日の朝からは仕事も待っていて、デスク回りも使えるようにしておかなければなりません。段ボールに詰める作業とは違って、出したものを考えていた場所に収めていく作業はひたすらに楽しく、一度始めると次の箱、次の箱と作業は滞りなく進んでいきます。

外では17時を告げる「夕焼け小焼け」のメロディーが流れ、同時に近所の犬の遠吠えが始まりました。もしかしたら、この現象を毎日体験することになるかもしれません。

日が暮れてカーテンを閉ざし、設置したばかりのすべてのライトを灯して、そのまま作業を続けていきます。

ところが、19時を過ぎて気づくのです。食料が、ない。

いつも、なければ外食で済ませてしまえばいい、なんならデリバリーもあると、利便性がぷかぷか浮かぶぬるま湯に浸かっていた私は、歩いて行ける場所に飲食店がない状況を旅行以外で初めて味わったのでした。

朝ご飯を食べてから何も食べていないけれど、夜の運転には恐怖しかありません。でも、そんなことを言っていたら、温泉はどうなる。とっとと夜の運転にも慣れなければ。

お腹すいた。運転怖い。お腹すいた。事故るかも。お腹すいた。お腹すいた。お腹すいた。

鹿児島の初日は空腹を紛らわせるように、部屋を作り上げていく享楽に勤しむことにしました。脳が空腹だと思うから空腹なんだ。

静かで暗くて心地よくて。睡眠の質、だだ上がり!

夜が深まり、いい加減作業にも飽きてきました。

外では虫の大合唱が鳴り響いています。それでも、東京よりも明らかに静けさを感じます。ベースとなる空気に雑音が混じっていないというか、耳に入ってくる音のほぼすべてが自然なものというか。

友人から「広い部屋に夜ひとりって怖くない?」と聞かれましたが、まるで恐怖心は感じませんでした。

登山をしていて風が止んだ瞬間、圧倒的な静寂に包まれて、突然、太平洋ひとりぼっち的な心持ちになることがあります。一度、山形県の鳥海山《ちょうかいさん》で遭難したときもそうでした。周辺で聞こえるガサゴソとした音は動物でしかなく、なんの混じりけもない静寂は宇宙に放り出されたかのようで、救助隊を待つ間、言い知れぬ恐怖に震えていました。

そのとき、私を最後まで励まし続けてくれたのは月の光と虫の声で、姿かたちは想像つきませんが、外から聞こえるたくさんの声はむしろ安心感を与えてくれます。

結局、温泉に行くことは諦めて、真新しい家のお風呂に入りました。湯船に浸かってぽかんと天井を見上げると、鹿児島にやって来たことがじわじわと染み入ります。

明日は東京土産を持って、近所に住んでいる売主さんと、お隣さんに挨拶をしに行かねば。仕事もある、片付けもある、電気の切り替えに、すっかり忘れていたＷｉ－Ｆｉの契約。そして何より、食料が必要です。

外に広がるのは時間を忘れさせてくれる穏やかな景色。ま、頑張りますか。

寝る前になんとなく外に出てみると、周辺に明かりが少ないせいか、日当山で見た空よりも深い藍色をしていました。畑のほうに歩いていって見上げると、視界は何にも遮られることなく、星空でいっぱいになります。

子どもの頃に遊んだ星座早見盤が、毎日肉眼で見られる幸せ。

地方から東京に出てきた人が地元を紹介するとき「何もない」と表現することがよくありますが、少なからず、ここにはめちゃくちゃ「あり」ます。

デフォルトとして持っているものに、人は価値を見出しづらいのかもしれません。なくして初めて、デフォルトだと思っていたものが恵みだったと気づくのかもしれません。

一方、これから始まるご近所付き合いや、東京との行ったり来たりの生活がどのようなものになっていくかはやってみないとわかりませんし、いつか私もこの恵みをデフォルトとして認識し始めるかもしれません。いいことばかりと舞い上がらず、私にとってまだ特別なこの場所に、まずはゆっくり慣れていくことから。

電気を消して、ベッドにもぐり込むと、経年劣化していた今までのマットレスとは違う新しいふかふかとした感触に包まれました。これは、もはや快楽。布団のなかで、幸せのバタ足が止まりません。寝具代をケチらなくて本当によかった。ぬくぬく、ぬくぬく。

外では静寂閑雅に虫の音が鮮やかに際立ち、だんだんとメロディーのように聞こえてきます。「古池や　蛙《かわず》飛び込む　水の音」なんて句は、静かな場所じゃなきゃ生まれないわな。

新しい寝具に加え、暗さや静けさも相まって、期せずして眠るのに最適な環境が生まれていました。この心地よさを少しでも長く味わいたいのに、初日の夜は3分ともたず深い深い眠りへと落ちていきました。

12 働けど働けど、女フリーランスの不安は増すばかり

女ひとり、生き急ぐ必要もなし

目が覚めて寝室のカーテンを開けると、青空のもと視界いっぱいにお隣さんの畑が広がります。大きな和風建築の一軒家が点々とあって、電線の向こうにはなだらかな山々。数日前まで見ていた公園の景色も愛着がありましたが、この眺めも毎日愛でることができそうです。

両開きのカーテンが寝室にふたつ、リビングに3つ、ダイニングに4つ、キッチンにひとつ。カーテンを一枚一枚開けて、朝を確かめていきます。今までは片開きのカーテンを一枚開ければ、部屋いっぱいに光が注ぎ込んできたので、面倒ではありますが広いワンルームを明るくするためには致し方なし。いつか面倒になって、ボタンひとつで全部開けばいいのにと思う日が来るかもしれないけれど、今のところこの作業も嫌いではありません。

売主さんから自治会長さんを紹介してもらうことになっていたので、羽田空港で慌てて買った東京土産を持って、まずは売主さんのところへ挨拶に行くことにしました。家の前の道を南に向かって歩いていくと、曲がり角に建つ家の軒下で男性がタバコをふかしています。

念のため道が合っているか尋ねようとしたら、それよりも早く大きなゴールデンレトリバーが私に向かってけたたましく吠え始めました。ひぃぃ。男性は吠える犬をいなし、道が正しいことを教えてくれました。

売主さんは畜産業を経営していて、数十頭の黒牛を飼っていると聞いていました。木漏れ日が差し込む道を歩いていくと、突然開けて家と牛舎が見えてきます。

ちょっと牛にご挨拶と近づいていくと、低音のホルンのような鳴き声で一斉に威嚇を始めました。ひぃぃ。そんなつもりではないと伝え、家のほうに赴きチャイムを鳴らしましたが、どうやら不在のようです。

すると、教習所で習ったなんらかの小型特殊自動車に乗った売主さんが、こちらに笑顔で手を振りながら現れました。既に知っている人が、ご近所にいるのは安心です。

売主さんの車に乗り換え、世間話に花を咲かせながら自治会長さんの家にたどり着くと、ここにも牛が1頭。私に向かってホルンの音を奏でますが、大群でなければ、恐怖心を好奇心が乗り越えます。売主さんがチャイムを鳴らしている間にまじまじと見ると、澄んだ瞳と口元の涎《よだれ》が輝き、何を食べているでもないのにむしゃむしゃと口を動かしています。のどかだ。

残念ながら、自治会長さんは留守のようで、また後日改めてという話になりました。アポなしで訪れ、いなかったらまた今度。この緩さがたまりません。事前に連絡をすれば、わざわざ来なくてもよかったのですが、そんなことはどうでもいいのです。効率をここに持ち込むのは野暮な話。近いんだからまた来ればいい、女ひとり、生き急ぐ必要もない。

帰りの道すがら、民泊でお世話になったメイちゃんから私の家の近くに養鶏場が運営している卵の自販機があると聞いていたので、その話を売主さんにすると、近所だからと連れて行ってくれました。

卵だけを買いに、山間のこんな場所まで来る人はどれくらいいるんだろうと訝しく思いましたが、到着すると既に先客が2組いました。大きな自動販売機には、色褪せた3種類の卵の写真が並んでいます。２５０円を入れて、小さめの卵を選んでボタンを押すと、何やら機械が動いて扉を開くように促されます。小さな引き戸を開けると、そこにはパックに入った14個の産みたての卵がありました。

家まで送ってもらい、どんなもんかとコップに卵をひとつ割ってみると、黄身は不思議な黄色をしています。そのまま口に含むと、臭みは一切なく、濃厚というよりは爽やかな味わい。うまー！

卵はこの自販機で買うと決めながらも、完全にファミリーを対象としているその数は、独り者にはずっしりとした重みがあるのでした。

セコムがわりの番犬と共にご近所付き合いがスタート

続いては、自宅の目の前にある事務所です。個人で経営している方の作業場のような場所で、住まいは別にあるものの、泊まり込みで作業をすることもあると聞いていました。平屋の作業場の横には畑もあります。

玄関には大きな秋田犬。恐らく、17時に「夕焼け小焼け」のメロディーと共に雄叫びを上げているのはこの子です。警戒しながら、恐る恐る近づきましたが、案の定今にも飛び掛からんばかりに右へ左へ鎖を引っ張りながら、ワンワンと吠えたてます。ひぃぃ。それにしても、セコムよりも早い。隣家に番犬がいるのは心強くもあります。あとから聞いた話によると、大型犬を飼っている家が多いのは、鹿やイノシシ対策だそうです。

鎖に繋がれた犬の行動範囲を回り込んでチャイムを押すと、なかから60代と思しき男性が現れました。既に不動産会社の久保さんから移住の件は伝わっているので、話もスムーズです。もともとエンジニアで、今は独立して、ひとりで楽しくさまざまな工業機械を作っているとのこと。

「ここなら、いくらでも大きな音が出せるからいいですよ。うちもたまにカラオケ大会やったり、庭でバーベキューやったりして、結構人が来るんです」と、音楽を聴く私には嬉しいセリフも。住まいは麓の町にあるので自治会は異なりましたが、お互いの畑は真隣にあるので、顔を合わせることもよくありそうです。

今後、よろしくお願いしますと伝え、外に出るとまたもや秋田犬から吠声《はいせい》を浴びせられました。

「レオっていうんですよ。顔のまわりの毛が多くてライオンみたいでしょう?」

私と飼い主が知り合いだとわかると、レオは急に態度を激変させて、今度はじゃれつくように飛び掛かってきました。遊んで遊んで遊んで、いいから遊んで、遊んでよー！　と、お腹を見せんばかりに私の周りを飛び跳ねます。さっきまでの怒りに満ちた表情はなんだったんだ。それでいいのか、番犬よ。私はまだ信用ならんぞ。

家に戻ったものの、Ｗｉ－Ｆｉの契約を忘れていたので、このままでは仕事になりません。テザリングで、開通日までどうにかこうにかやり過ごすしかなさそうです。

ところが、問い合わせてみると、かなり混雑していて開通日は早くても2か月後。そもそもリモートワークなんて、Ｗｉ－Ｆｉが命綱なのに、相変わらずアホすぎる。

こんな場所にあるわけないよねと思いつつ、コワーキングスペース的なものがないか調べてみると、奇跡的に車で5分ほどの場所に存在しました。機能しているかどうかはいざ知らず、最悪ここに行けばなんとかなりそうです。それにしても、こんな山間になんでまた。行っても、私しかいないような予感がするし、営業中しか仕事ができませんが、それでも十分助かります。

とはいえ、この手のものは苦手です。以前、中目黒のシェアオフィスに、友人とデスクを借りていた時期がありますが、あっという間に解消してしまいました。そこで働く人達同士のコミュニケーションが旨みなのだと思いますが、そもそも私は借りていた半年間で、そこで仕事をしたのは2回だけで、結局すべてを家で済ませてしまうのでした。強制力が働かないと動かないくせに、私はどこまでも自由で、面倒臭がりなのでした。

ふと、Ｗｉ－Ｆｉが飛んでいることに気づきました。先入観で、あるはずはないと思い込んでいましたが、ひとつだけ表示されていて、そのひとつは目の前の事務所以外にはあり得ないのでした。

しばらく考えて、戻ってきた足で、再び隣家を訪れることにしました。レオが勘違いして、やっと遊ぶ気になったのかと、さっきと同じ動きを繰り返します。

舞い戻ってきた私を何事かと迎えてくれた家主さんに事情を説明し、図々しくもパスワードを教えてくれないかと打診したら、すんなり教えてくれました。２日めにして、ご近所さんの有難みを感じます。

また外に出ると、甘嚙みしたくてたまらないレオが待ち構えていて、右往左往しては飛びつこうとしてきます。顔のまわりをわしゃわしゃと揉むと、気持ちよさそうに一瞬だけ落ち着いて、またすぐにさらなる高みを求めてきます。

もう終わりと家に戻ろうとすると、どこで覚えたのか切なさの極みのような顔で私を見つめてきました。キュインキュインと、初めて聞くレオの鳴き声が背中に響きます。番犬よ、私を信用するなと言っただろう。

移住をしたとて、仕事が楽になるわけではない

12時のチャイムが鳴り響きます。レオはそれを知ってか、少し前からアオーンアオーンと鳴

き始めました。それなりに朝早くから動いたはずなのに、不思議と都会よりも時間の流れを早く感じます。

移住2日めにして、引越しで遅れをとってしまった仕事が爆発寸前でした。タスク一覧にはやらなければならないことがずらずらと並んでいます。自分では「女ひとり、生き急ぐ必要もない」なんて耳当たりのいい台詞を吐きながら、現実からは「いいからとっとと急げ」と背中を鞭で引っ叩かれます。

しかし、かれこれこの30時間近く、胃に入れたのは卵1個で、空腹が限界にきていました。今日は徹夜だと覚悟を決めて、近所に飲食店があるならそこでサッと済ませようと調べると、車で10分ほどの場所に養豚場が運営している黒豚料理の店と、ラーメンからオムライスまである定食屋があるようです。

とりあえず手前にある黒豚料理の店に向かうことにしました。町に降りるのではなく、峠に向かって車を走らせます。信号などない山道を走り、そろそろ峠かというところでお店が見えてきました。すると、どうやら人気店だったようで、さっきまで人っ子ひとり見なかったのに、そこには行列ができていました。

こんな場所にあるのに？　と思いつつ、並んでいる時間はないともうひとつの定食屋に向かうと、駐車場がひとつだけ空いていたので、縦列駐車に戸惑いながら滑り込みました。

お店に入ると、そこには峠らしい素敵な景色が待っていました。遠くに山々が聳え、霧島神宮周辺の町が見渡せます。お昼どきで賑わっていましたが、ひとり用の席はないため4人テーブルに案内されました。おばさん達が忙《せわ》しなく動き回っています。

車を10分走らせれば、この景色。当分、国内旅行をすることはなさそうです。このエリアで行きたい場所はまだまだたくさんあります。鹿児島には海も山も島もある！

ご飯を大盛りにして、和風ハンバーグ定食を注文し、夜食用にテイクアウトも。そして今さらながら気づきました。住む環境は変われど、仕事の忙しさは一緒。こうして定食屋に来る生活も東京となんら変わりません。なんとなく気持ちはのんびりしてしまいますが、仕事仲間は東京時間で生きています。しっかりせにゃ。

猛スピードで定食を平らげ、空腹が完全に満たされたところで、鬼の形相で待ち構えている仕事を終わらせるために家路を急ぎます。我が家とその定食屋は、ぐるりと一周している道沿いにあるので、東に向かう道を進んでも西に向かう道を進んでも、家に到着することができます。時間はほぼ変わらないので、周辺の道に慣れようと来た道を戻らず、そのまま進んで家に向かうことにしました。

先に進むと霧島神宮の駅があるため、お店もちょこちょこと立ち並びます。小さいながらもホームセンターがあり、ここで灯油を買うことができるようです。冬場は灯油ストーブにしようと決めていたので助かります。「軽トラ1時間無料」と書かれた文字もあり、恐らく重い資材などを購入したときに貸してくれるのでしょう。東京とはいろいろ勝手が異なるようです。

スーパーにガソリンスタンド、我が家から一番近いコンビニもここにありました。カレー屋さんに焼き肉屋さんと、個人経営であろう小さなお店も。

麓の国分の町に行けば、もっと大きなスーパーやホームセンターがありますが、私はこの雰囲気がすっかり気に入ってしまいました。このぐるりと一周する道沿いで、ある程度のことは完結できそうです。

霧島神宮の駅を過ぎてしばらく行くと、またすぐに山道に変わりました。お店があるのは駅周辺だけで、森が広がる道を進みます。

途中で無人販売所や観光農園、窯元などを発見し、その都度、止まって覗きたい気持ちを制しました。近所にあるのだから、また来ればいい。とにかく今日は仕事だ。

森を抜けて、今度は畑が並ぶ直線道路に変わります。すると途中に、道の駅のような物産館のような建物が見えました。気になる。気になるけれど、今日はスルー。

知りたいことも、知らなければならないことも、いっぱいあります。引越しの月くらい仕事を断ればよかったのかもしれないけれど、どうしてもやりたい仕事だったから仕方ない。毎度毎度、自分のキャパを忘れてしまう過去の自分を恨めしく思います。

名湯で出会うゴーギャンとハマム

Ｗｉ－Ｆｉは繋がったものの、さすがに弱く、大きなファイルを送るには殊更時間が掛かりました。仕事をオファーしてくれた若手編集者に迷惑を掛けつつ、年々低下している集中力を無理やり滾《たぎ》らせ、撮影のオファーに原稿に校正にとバタバタと仕事の山を片付けていきます。

朝までかかるのは確実でしたが、1度めの区切りを19時に迎え、どうしても温泉に行きたくなりました。目と鼻の先にある楽園でリフレッシュをして、後半戦に突入したい。外は暗闇、どうする藤原。

今後のことも考えれば、早々に夜の運転に慣れておくに越したことはありません。昨日は勇気がなかったものの、いい歳をしたおばさんが今さら何を言っているんだと自分を焚きつけ、準備をして向かうことにしました。空腹では動かなくとも、快楽では動く。相変わらず自分がよくわかりません。

以前、一度行って、泉質が気に入った温泉に向かうことにしました。外に出ると、空いっぱいに星が瞬いています。つまり、それだけ暗いということ。街灯など一切なく、玄関から駐車場の数メートルでさえ、闇に飲み込まれています。恐怖心などもう知らん、子がいるわけでなし、死んだところで影響はない。仕事の高揚感を味方にエンジンを掛けます。

白線が消えかけた路面の悪い道もあれば、これが二車線？　と思うような細い道。地元の人はすっかり慣れていて車を飛ばしますが、とてもじゃないけどできません。グーグルマップの言いなりとなって、後続車に多少の迷惑を掛けながらやっとのことで辿り着きました。

以前来たときは日中で、私の他にお客さんはひとりしかいませんでしたが、この時間は地元の人で賑わっていました。とはいえ、決して広い温泉ではなく、7、8人いたらもういっぱいです。サウナのような薄暗い空間で、慣れた地元のおばさんはもはや椅子にも座らず、地べたにぺたんと腰をつけて洗っています。丸みのある体と、そのワイルドな雰囲気は、まるでゴーギャンが描く裸婦のようで美しく思いました。

おばあちゃん同士が愉快そうに話していますが、生粋の鹿児島弁は一切理解することができません。青森にある恐山《おそれざん》の温泉でも同じ体験をしました。耳を澄ませど、何を言っているのかまるで理解できないなか、唯一「Ｆａｃｅｂｏｏｋ」という言葉だけがわかりましたが、恐らくそれも空耳でしょう。

同時に、薄暗さも相まって、モロッコで行ったハマムという銭湯を思い出しました。英語が一切通じないその場所で、裸で床に転がされ、魚のようにガシガシと洗われたときも、同じ感覚に陥りました。ただの生き物であることを突きつけられて、異世界に持っていかれるあの感じ。

温泉は炭酸水素塩泉で、素晴らしい泉質です。熱くてもなぜか長く入っていられること、入浴中は汗をあまりかかないこと、湯冷めをしないことという、私の名湯の条件を見事に満たしていて、何度も出たり入ったりを繰り返しました。

どっぷり温泉を満喫して、また暗がりをおっかなびっくり運転しながら家路につきます。音楽を流すとだいぶ気持ちが変わって、少しずつ運転も楽しくなっていきそうな予感がしました。

家に着くと、リフレッシュのつもりで温泉に行ったのに、おいでおいでとベッドが手招きしてきます。それでも、どうにか気持ちを奮い立たせ、早朝になるであろう次の一段落までキーボードを叩き続けました。脳が眠いと思うから眠いのだ。

終わりの見えない仕事を前に、終わらない仕事はないと言い聞かせながら、校正を続けていたら、白々と夜が明けてきました。一瞬だけと外に出ると、東の空に太陽が頭を出していました。私の昨日はまだ終わっていないけれど、今日が始まるようです。

無と化す夜とは違い、朝は世界が輝いて見えます。澄んだ空気、緑の匂い、柔らかな風。お店も朝早く開き、夜は早く閉まる。お日様と共に生きることが求められているような気がしました。毎年、元旦に決める今年の目標は早寝早起き。去年も一昨年も同じなのに、いまだ達成されていないその願いを今度こそ。朝の美しさを、冴えた頭で見たいと思いました。

束の間の休憩を挟んで、ここまでは今日中にというところまで終えて、いよいよ限界が訪れました。体を引きずるように、ベッドに入ると、ふかふかのお布団がいらっしゃいと体を包み込んでくれます。あぁ、幸せ。

若手チームに迷惑を掛けつつ、ようやく終わらせた仕事でしたが、後日、色校正紙と一緒にホットアイマスクや美容パックが送られてきました。「綾さんのおかげです！　ありがとうございました。ゆっくり休んでください」と書かれた付箋を見て、こっちの台詞だよと独り言《ご》ちました。最近の若者は、優しくて気遣いができる！　おばさん、泣けるよ。ありがとう！

13

鹿児島—東京3往復。かさむ交通費、されど豊か

東京に「戻る」のではなく「行く」という初体験

鹿児島に来て、まだ2週間も経っていないのに、早くも東京に舞い戻る日がやって来ました。それどころか、この月は既に3往復することが決定しています。鹿児島で暮らしていても、受けているのは東京の仕事。リモートワークが進んだとて、実際に現場に行かなければならないことはたくさんあります。

それに、さすがに3往復することはないにしろ、物件探しで鹿児島との往復にはすっかり慣れていました。鹿児島空港内の飲食店は、いつの間にかコンプリートしていたし、格安航空券を見つける技も身に着けています。

基本的には羽田着のMCCやLCC、早めに日程がわかっているときはJAL、買い物はすべてJALカードと決めて交通費をできるだけ削るようにしていました。

仕事だとしても、交通費は基本的には実費。自分の代わりなど、いくらでもいるとわかっているからこそ、わがままは言えません。1ページ連載の仕事の依頼が来ましたが、撮影を伴う

仕事で交通費だけで赤字になってしまいます。久しぶりに連絡をくれた人だったので、普段だったら受けるところを泣く泣く断りました。

トランクを持って玄関に出て、畑から見るいつもの景色を眺めます。目を閉じれば、葉擦れの音と小鳥達の鳴き声だけ。目を開ければ遠くまで広がる畑とトコトコ歩くハクセキレイ。鹿児島に来てから、何も考えずにぼーっとすることができるようになってきました。

以前、ヨガに通っていたときに、瞑想の方法を習いましたが、まるで習得することができませんでした。

『考えてしまったことは横に置いて、無になるのだ……ん？　いや、無になれって考えちゃってんじゃん。ん？　無になれって考えちゃってんじゃんって考えちゃってんじゃん！　ていうか、お腹すいたな。いやいやいや、違うだろ。無！　…………無って何？　いや、無って何って、また考えちゃってるよ。あ、この葛藤を客観視しろって言ってたな。いや、客観視した自分もめっちゃ喋る。てか、お腹すいた。いやいやいや、違うだろー！』

そんな経験もあって、無になることは想像以上に難しいと知りましたが、この景色があると、いとも容易《たやす》く無に陥ることができそうです。

自宅から空港まで車で25分、そこから飛行機で2時間。機内で仕事や読書をして、うつらうつらしていたら、そんな時間はあっという間です。目を覚ませば窓の外は大都会。相変わらずのビル、ビル、ビル。

移住して日も浅いので、まだ東京のほうが体には馴染んでいます。ただ、普段の旅行と違うのは、「東京に帰ってきた」気持ちにならなかったこと。「東京にやって来た」という初めての気持ちが芽生えていました。

目まぐるしく東京／鹿児島モードをシフトチェンジ

まだ目黒のマンションはそのままにしてありましたが、約2週間ぶりに訪れた我が家は、鹿児島の家とは比べ物にならないけれど、ものがなくなってだだっ広く見えました。残しているのはベッドとローテーブル、大きなクッションとちょっとした日用品だけ。そして、もう既に冷蔵庫も洗濯機も電子レンジもないので、ここに滞在するならコインランドリーを利用しなければならないし、ほぼ外食になります。

しかも、ランプシェードをすべて鹿児島に持っていってしまったため、埋め込み型のライトと簡易的なライトがあるだけ。うーん、これはさすがに居心地が悪い。

そして、現状はこのマンションと鹿児島の一軒家の二重ローンを抱えているわけで、とっとと人に貸さないと出費はかさむばかりです。粗大ゴミを処分して、ハウスクリーニングを入れて、不動産会社に相談せねば。

マンションを人に貸したら、東京にいる間は兄の家に泊めてもらうことになっていました。この確約がなければ、移住のハードルはぐんと上がっていたと思います。ありがたやありがたや。この歳になって久しぶりに兄妹一緒に暮らす感覚を味わうのも面白い気がしました。

東京での日々は目まぐるしく過ぎていきました。打ち合わせに撮影に原稿に、私が移住したと聞いて連絡をくれた友達とご飯にと、あっちへ行きこっちへ行き。髪だけは知っている人に切ってもらいたいし、気になっていた美術展にも足を運びたい。そこに何かがある分、欲も高まります。限られた時間にスケジュールを詰め込んでいることもありますが、みるみるうちに都会のスピードへと引きずり込まれていきました。

そうそう、東京はこの感覚だった。便利でスムーズで速くて、昼間のBPMは125くらい。気づけば、工事中だったパン屋さんが完成していて、よく足を運んでいた喫茶店がなくなっていました。キックボードで公道を走る人をよく見かけるようになって、ハタチの頃から通っていた渋谷のダイナーは経営者が変わり、大好物の味噌チーズハンバーグは量が減って価格が上がっていました。

すっかり体が東京仕様に仕上がったところで、鹿児島に戻る日がやって来ました。

そして4日間、鹿児島に滞在して、また東京に行って1週間。3日間、鹿児島に滞在して、東京に行って5日間。序盤戦の怒涛の3往復を終えて、やっと鹿児島に3週間いられる日々が訪れました。絶対に鹿児島にコロナを持ち込むわけにはいかないので、往復するたびにPCR検査を受けるのもひと苦労です。

移住したとて、何かが楽になるわけではない。それでも、移住してよかったという気持ちには変わりはない。でも、なんだかこの状況を誰かと分かち合いたいと思いました。同じような状況にある人に、移住してきたことは間違ってないよね？　と確認したいというか。

縁もゆかりもないこの場所で、東京の仕事をしていて、鹿児島にいない時間が多く、しかも子どももいない。よくよく考えてみると、私は地域に溶け込みにくい状況におかれています。……あ、弦《げん》さん！　私より半年前に鹿児島に移住して来て、東京と5往復することもあると言っていたフォトグラファーの齋藤弦さんです。同じ業界にいて、仕事の状況もわかる、インタビューにうってつけの相手がいました。先日、偶然東京の仕事で一緒になりましたが、鹿児島では私が家を買う前日に、ご家族と一緒にご飯を食べて以来。インタビュー兼鹿児島での再会を祝うため、早速アポイントを取ることにしました。

東京の仕事仲間と、鹿児島の僻地で再会

移住前に話をしていたので、家がどんな感じになったか見てみたいと、私の家でインタビューすることになりました。奥さんのタマさんと、お子さんのフキくんも一緒にやって来ましたが、インタビュー中は国分の親戚の家に顔を出してくるそうです。

普段、東京のファッションの現場でしか一緒にならない人が、畑に囲まれた鹿児島の地にいることが不思議な感覚でもありました。

――弦さんは京都出身ですよね？　奥さんのおばあちゃんが鹿児島でしたっけ？

「タマのお母さんの実家が霧島にあって、子どもが産まれる前から毎年夏になると鹿児島に来てたのよ。初めて霧島に来たとき、町の感じとか、人の感じとか、なんかええなあって思って。焼酎も好きやしね。それで毎年来るたびに、タマとふたりでいずれ移住できればいいねってなんとなく話はしてて。航空会社の機内誌の撮影で鹿児島や宮崎にもよく来るようになったんやけど、九州人の人柄や雰囲気が合うんよね。ご飯も美味しいし、ますます『鹿児島、ありかも』と思うようになって」

――現実的に動き出すきっかけになったことはあるんですか？

「最初はぼんやり思い描いていただけで、具体的には行動していない状況で、そのうちに子どもができて。ふたりとも、フキが小学校に上がってからだと動きにくいなあと思ってたから、それがタイミングかな。俺が父親の影響で引越ししまくってたから、学校が変わることにすごく嫌な思い出があったのよね。保育園の友達とも、結局小学校はバラバラになっちゃうし、それだったら小学校に上がる前になんとか引越ししたいなと思って」

――最初から鹿児島に絞ってたんですか？

「その段階では鹿児島は第一候補だったけど、まだ決定してはいなくて。タマの実家の和歌山と、俺の実家の京都と、いわゆる関東周辺の鎌倉だとか山梨だとか、車で頑張ればなんとかなりそうなところも候補に入れつつって感じかな」

――ちなみに、東京でフキくんを育てるっていう選択肢はなかったんですか？

「東京で育てるっていう選択肢だけは、なかったね（笑）。普段、先を見据えて何かをすることはないんやけど、10年後20年後、東京で自分が写真の仕事をやり続けているイメージがまったく浮かばへんかったのよ。キャリアを積んで大きな仕事をすることも、その瞬間その瞬間はいいかもしれないけど、40歳を過ぎて人生折り返しってときに、どういう人生を送っていきたいか考えてみたら、このまま東京で生きるのは単純に嫌だと思ったのね。もちろん、やりがいはあるし、好きだからこそやってきたけど、俺はここでずっとやっていく気はないと」

――そこから最終的に鹿児島を選んだ理由ってなんなんですか？

「もともとタマとは同じ大学の同級生で、ふたりで住み始めたのも京都やったし、俺の両親も、友達もたくさんいるんやけど、京都は京都で新しくやることの難しさがあるのよね。それに、ある程度新しいことをやっている人も、もういるし。そこそこ都会だから、せっかく東京から離れるのに環境が変わらへんと意味ないと思って、京都は外れたのね」

――わかる！　わざわざ離れるなら、全然違う環境がいいですよね。

「そうそう。で、和歌山もそれなりに田舎やけど、全然いい土地がなくて、純粋に脱落して鹿児島になった感じやね。最初は日当山の川沿いあたりが濃厚だったのよ。でも、蒲生町《かもうちょう》の古民家を内見しに行ったとき、ふたりともすっかりやられちゃって。結局、物件が決め手やね。目の前に小学校もあるし、移住した甲斐があるくらいの田舎やし、でも空港までは20分くらいなのね。ほんまに知り合いはいいひんけど、一からスタートするには結構いいかもって話になって」

自分の力でリフォームして作る、〝町の写真館〟

――実際に新生活をスタートしてみて、どうでしたか？　正直、5往復って聞いたときはびっくりしました。

「個人的には、もっと大変なイメージやったんやけど、意外とできるもんよ。でも、羽田空港の近くに寝泊まりする事務所を借りたのが大きいかな。バスで京都駅に行って、新幹線で品川に行くほうが大変やと思う。だけど、やっぱりお金の面でいうと、自腹切らなあかんところは自腹切ってるから、受けられへん仕事は出てくるよね。それでも、多いときは5、6往復はしてるかな」

――5、6往復してるってことは、数日だけでも帰って来てるってことですよね？

「改装を早く進めたいっていうのももちろんあるし、東京にいる間は暇なのよ。東京の部屋は、ほんまに寝泊まりするだけやから、最低限のものしか置いてへんし、コロナ真っ最中で友達にも会えへんし、ここで時間を無駄にしたくないって思うとやっぱり帰ろうってなるのよね」

――鹿児島でも写真の仕事はしてるんですか？

「来週は熊本で旅行系の撮影があるかな。東京の仕事やけど、九州に移住するから九州の仕事は振ってほしいって話をしてあって。こっちで撮影することも増えてきてるね」

――移住してからの計画みたいなものって何かありましたか？　タマさんはアクセサリーを作ってるんですよね？

「一応、東京でスタジオ兼アクセサリー工房兼ショップみたいなものもできるかなって考えてみたけど、もちろんお金の面もあるし、東京だとそんなに目新しくもないし。だったらもうちょっと知られていない、知らない人達がいる場所で始めてみるのもいいんじゃないかって思ったのよ。写真の仕事は続けつつ、お客さんに直接働き掛けられるものを考えたら、町の写真館みたいなものがやりたくなったのね」

――〝町に新しく写真館ができる〟って、その響きいいですね。

「それに、マンネリ化してたっていうのも大きいと思う。一年が過ぎて、また一年が過ぎて、このまま歳を食っていったら、いつか後悔しそうだなとは思ってたから。子どものためだけに移住したってわけじゃなくて、夫婦ふたりが楽しんでないと、子どもにもよいイメージを与えられへんって思ってるから、家族全員のための移住やね。でも、言うても子どもは世田谷で育っちゃったから、どうなんかなあとは思ったけど、意外と馴染んでくれてるね」

――小学校が目の前にあるし、環境もすごくいいですね。

「めっちゃ近いから、子ども達が学校帰りに家の様子を見に来てくれるのよ。今、俺は大工だと思われてるけどね」

――大工？　え？　リフォームって自分達でやってるんですか？

「そうそう。柱を入れるとか屋根の補強とか、そういうのは棟梁にお任せして、自分では床を貼ったり、漆喰を塗ったり、土間打ちしたり……」

――そういうことか！　この前、仕事で会ったときもリフォーム中って言ってたから、結構時間かかってるなと思ってたんですよ。以前からそういう知識があったんですか？

「全然、全然。DIYとかは多少やってたけど、今は棟梁に言われて、床に潜って傾いている床のレベルを合わせる作業もしてる。だいぶ鍛えられたなあ。有難いよね」

――経験値めちゃくちゃ上がってますね。お店のコンセプトとかはあるんですか？

「スタジオは、『ｓｅｎｐｅｎｂａｎｃａ．』って名前。ローマ字にしてるけど、四字熟語の『千変万化』ね。出会いとか別れとか、入学式とか七五三とか、そういう変化を写真に残してほしいって気持ちと、あと、スペース自体がいろんな形に変わっていけばいいと思っていて。写真スタジオっていう決まった形でやっても面白くないから、ときにはギャラリーでもいいし、ときには期間限定のショップでもいいし、地域の人が集まるなんらかのスポットになればいいよね」

――完成はいつを予定してるんですか？

「今、インスタで作っていく過程をアップしていて、桜が咲く頃には完成させたいと思ってるんだけどね……どうかなあ。周りのじいちゃんばあちゃんからは、早く撮ってほしい、早く完成させないと死んじゃうよって言われてる（笑）」

やると決めて、えいっ！ 豊かであれば、後悔はなし

――思い出を写真に残そうとする、その行為自体を大事にしたくなるというか、移住してそんな意識が出てきた気がします。昔から、そういう考えがあったんですか？

「昔は写真館なんて絶対嫌だって思ってたよ。俺はファッションでバリバリやるんだと。海外のカメラマンにも憧れたし、それでロンドンに渡って、東京に帰ってきて事務所にも入って……割と自分のなかではスムーズにいってたと思うんだよね。雑誌の表紙も、撮りたいと思っていたものも撮れたし。でも、いざ飛び込んでみたファッションの世界やったけど、やっぱり消耗することも多くて。クライアントから依頼がきて、女優さんやモデルさんの写真を撮って、それが広告とか雑誌に載るっていう仕事をしてきたでしょ？ でも、クライアントというか、お客さんを直接撮影して、それで対価をもらって喜んでもらえるのもいいなと思うようになってきて」

――共感がすごい。同じような気持ちの人、結構いる気がしますけどね。

「みんな移住を考えることはあっても、いざ動くとなると、いろいろな理由があって難しいと思うのかもね。でも、やるって決めて、えいってやっちゃえば意外となんとかなると思うけどね。俺は、あのときああしておけばよかったとだけは思いたくないかな」

――やらない後悔よりやる後悔かぁ。実際に移住してみて、後悔していることはありますか？

「後悔はまったくない（笑）！　唯一心配なのは、テレビに東京の風景が映ると、子どもが『東京に戻りたいなあ』って言うときがたまにあるのね。それで、ちょっと悲しい思いをさせてんのかなって思うときくらいかなあ。多分、あのまま東京にいても、何も変わらなかったと思うし。変わらないことをひたむきに続けていくことのすごさも十分理解してるんやけど、自分には合わないってことやね。変化を求めて少し刺激的なことをやるなら、引越しは一番手っ取り早いと思ってたし」

――じゃあ、今の生活には満足してるってことですよね。

「ただ、俺は東京に行ってるけど、奥さんも子どもも東京に行けるわけじゃないから、たまには息抜きで行きたいとは思うはずなのよね。そういうときは、天文館にでも行こうかって言うんやけど（笑）。移住してよかったんだと自分に言い聞かせるようなことはしたくないから、家族でも不満がでてきたらちゃんと言おうって話はしてるけど、俺自身は心の底からよかったと思ってるね」

――東京も少しずつ変わってきてますよね。

「今、東京も転出のほうが増えてるんでしょ？」

――ですです。とうとう来たって感じですよね。

「やっぱり、これだけ一極集中が続いたら、もうちょっとそうならないとね。個人レベルの移住もそうやけど、やっぱり企業もちらばってほしいなあ」

——雇用が増えないと、人も増えませんからね。それにしても、弦さんの行動力には脱帽です。もう鹿児島で仕事やってるし、私もいろいろ模索しないと！

「綾ちゃんは来たばっかりでしょ。俺も、ちょっとずつやと思ってる。東京の仕事をやりながら地域を耕すというか、今は準備期間だと思ってやってる感じかな。基本的には心が豊かになれば、それでいいしね。今はとにかく写真館をオープンさせないと。改装もいよいよ飽きてきたし（笑）」

弦さんは、せっかくだからと、この部屋でポートレートを撮ってくれました。裏方根性が染みついているので、被写体になるのはこそばゆくもありましたが、こんな機会もないのでお言葉に甘えて撮影してもらいました。

タマさんとフキくんが戻ってきて、親戚の家でもらったという梅の枝と、北海道産の牡蠣と、名前のわからない柑橘類をくれました。そして、電気代もプロパンガス代も上がったことを互いに嘆き、食品の安さを喜びました。

自分の生まれ故郷をよく知っている人達だからか、話していて心地よく感じます。隣町とはいえ、仕事にしろプライベートにしろ、同じ状況にある人がいたのは幸運すぎる。

遺影はｓｅｎｐｅｎｂａｎｃａ．で撮ってもらうことにしよう。お葬式で「随分若いときの写真を使ってんなあ」と言われないように、何年かに一度はアップデートしたほうがよさそうです。

その夜、いただいた牡蠣《かき》を焼いて、名の知れぬ柑橘を絞って食べてみたら、これが最高でした。あぁ、多幸感が押し寄せる……。

毎日、美味しいものをお腹いっぱい食べて、楽しく働いて、ぐっすり眠る。豊かさとはこういうことだと思っていますが、なぜか多くの東京人は、食事を適当に済ませて、仕事でストレスを抱え、睡眠不足に悩まされているように見えます。それと引き換えに得られるお金で手に入れるものは、本当に自分を幸せにしてくれるものなのか、よくわからないのでした。

じゃあ、私が実践できているかというと、まったくそんなことはなくて、鹿児島に移住しても睡眠不足の日は多々あります。それに、月々の固定費も増えている。でも、私は確実に豊かになっている。しない後悔より、する後悔。よし、大丈夫！

14

温泉、食べ物、住まい……都会人が知らない贅沢

唐芋標準語をマスターできるのはいつの日か

相変わらず東京と鹿児島を行き来する日々は続いていましたが、少しずつこの生活にも慣れてきました。以前はそれが当たり前だったはずなのに、東京で人気のタレントさんを撮影していると、どこでもドアで別世界に来たような不思議な感覚に陥りましたが、それもだんだんと日常になっていきました。

霧島での暮らしは、まだまだ情報不足だったので、食材を買うにしろ、温泉に入るにしろ、毎日違う場所に行って、行動範囲を広げていくことにしました。

2年前まではよくあったという自治会の集まりやお祭りは、コロナの影響ですべて中止になっていましたが、少しずつ交流も増えていきました。

ある日は、売主さんが東京土産のお返しにと、霧島市の広報誌と一緒に梨と葡萄を持って来てくれました。憧れていたご近所さんからのお裾分けです。目黒のマンションで隣家に白菜を持っていって、不審な顔をされた記憶が蘇ります。あのときは切なかったな……。

お礼を言って、早速ひとつ葡萄を口に放り込むと、じゅわ〜っと果汁が広がって、脳もろとも甘美で満たされていきました。葡萄ってこんなに美味しかったんだ……。東京では高級果物店でしか味わえないレベル。たまらん。

ある日は、自治会長さんが防災無線の受信機なるものを持って来てくれました。災害が起きたときはもちろん、地域のゴミ掃除などの連絡も、ここから放送が流れるそうです。

千葉が大きな被害にあった台風のことを思い出しました。テレビではずっと台風の話題が流れていましたが、今知りたいのは自分が住んでいる地域のことで、自らアクセスしないと知ることができませんでした。あとから、目黒でも防災無線が流れていたことを知りましたが、強烈な暴風雨のなかでそんなものが聞こえるはずもありません。

アナログも悪くない、どうやら頼もしいアイテムを手に入れたようです。

地域の人に私の存在を知ってもらえる機会も増えていきましたが、どうしても言葉の壁は立ちはだかります。

おばあちゃん達が話す生粋の鹿児島弁が一切わからないのはもちろん、普段耳にする唐芋標準語と呼ばれる言葉にも、イントネーションの規則性を見出すことができずにいました。

祖母の話す言葉には、ほんのり鹿児島弁のイントネーションが残っていましたが、実際にこちらに来てみると、それはほんのりもほんのりだったようです。移住に際してテレビを捨ててしまったことを少し後悔しました。ローカル番組を見ていれば多少は耳も慣れたかもしれません。

東京は、さまざまな地域の人が集まっているため、相手が方言を話してもなんとも思いませんでしたが、ここでは東京弁を話す私は異質な存在のように見えます。

少しでも慣れようと、地元のラジオを聞くようにしましたが、霧島でほとんどの時間をひとりで過ごしている私が使いこなせるようになるには、相当な時間を要するように思いました。

名前も知らない赤の他人との優しい関係

硫黄泉を求めてやって来た霧島でしたが、炭酸水素塩泉や塩化物泉など、さまざまな泉質の温泉が点在していました。お隣の姶良市には硫酸塩泉もあるし、温泉を求めて全国を旅してきた私にとってはパラダイス。毎日、違う温泉に行って、ベスト・オブ・近所の温泉を探すことにしました。もう、温泉に浸からないと生きていけない気がします。メタバースでは絶対に味わえない、この快楽たるや。

ここでは銭湯が温泉です。源泉かけ流しが当たり前、どこも近隣に住む人達で賑わいます。狭いお風呂が嫌いで、自宅ではほとんど湯舟に浸からない分、東京でも銭湯にはよく行っていました。たまに、銭湯遠征と称して下町まで足を延ばすことも。

東京の公衆浴場は大体つくりは一緒で、引き戸を開けると目の前の壁一面に富士山や桜の木が描かれていて、奥に湯舟がいくつか並び、手前に洗い場が行儀よく整列しています。

でも、鹿児島の銭湯は場所によってまったくつくりが異なっていました。ど真ん中に湯舟があるところもあれば、L字型にいくつか浴槽が並んでいるところも。なかには、脱衣室と浴槽を区切るドアが存在しないところもあります。女神がかついだ水瓶からお湯が出ていたり、塩ビ管からドバドバと大量のお湯が注がれていたり、フォーマットがないので、どこも個性的です。

番台というものはなく、浴場の扉を開ける前に受付があってチケットを購入するのが一般的なようです。ほとんどが300円前後で入浴することができます。

かなり建物が傷んでいるところもありますが、掃除は行き届いていて、何より素晴らしい泉質。心なしか、来ている人達の肌もシミがなくすべすべしているように見えます。

顔を合わせれば「こんばんは」とご挨拶。温泉から出るときに「さようなら」と言うと、そこにいる人達がみんなで「さようなら～」と返します。うーん、なんだかいい感じ。

「今日は寒いわね」と自然に話し掛けられ、「明日は暖かいみたいですよ」と名も知らぬ人との会話が始まります。

全国を巡るうちに、田舎に行くほど他人との距離が近いと気づきました。

北海道の利尻島に行ったときは、バスの運転手さんとおばあちゃんが世間話をしながら運行していたし、山形のローカル線に乗っていたときは隣の席のおばあちゃんから話し掛けられ、娘さんの恋愛相談を受けました。

東京でも、小さい頃はそんなことが日常的にあったような気がしますが、ナンパや詐欺が横行した結果、街中で話し掛けてくる他人＝怪しい人という理解が定着したように思います。

そんな環境に長くいたせいか、霧島での見知らぬ人との会話はとても新鮮でした。

ある日、土間を掃除しようと、ホームセンターでほうきを物色していたら、突然おじさんが話し掛けてきました。

「俺もいろいろ使ってきたけど、やっぱり竹ぼうきが一番だよ。これがいいよ」と勧められ、最初はびっくりしましたが「じゃあ、これにします！」と言われるがままに竹ぼうきを買うことにしました。

コンビニでは、若い店員さんが、足元のおぼつかないおばあちゃんに「気をつけて帰ってよー！」と声を掛けます。

以前、一緒に仕事をしたデザイナーさんとの会話を思い出しました。その人は、近くのコンビニの店員さんが「毎度ありがとうございます」と言うようになったことに嫌悪感を抱き、それ以来そのコンビニを利用するのをやめたと言っていました。東京では個人主義が行きつくところまで行きついた感じがします。

最近では、移住して来た人が自治会に入らないケースもよくあると聞きます。若いときは、私も近所の人から干渉されることが嫌で嫌で仕方なく、地元から離れた中学校に行き始めて、かかわりが薄くなったことを喜びました。気の合う人とだけ付き合う自由を謳歌してきたはずなのに、この歳になってその危うさに気づかされます。

子どもがいれば、地域との関係性も変わってくると思いますが、私は独り身。しかもここは災害大国、名も知らぬ赤の他人だとしても、同じ場所に住んでいることで協力し合える関係を築かなくては。

ストックバッグに入ったお茶にフォーマットはない

以前見かけた近所の物産館にも訪れました。物産館と言っても、こぢんまりとしていて、近所の農家さんが作っている野菜や手作りの味噌などが置かれている場所です。私はすっかりこのお店が気に入ってしまいました。

入り口には、切り花や枝ものが信じられない価格で売っています。広尾あたりの花屋では、3倍の値がついていてもおかしくありません。

なかに入ると、マーケティングなんて知ったこっちゃないキリのいい値段で、旬で新鮮な野菜が並んでいます。見たことがないバレーボール大の柚子や、聞いたことのない名前の芋など、見ているだけで楽しくなる品揃えです。

手作りの煮しめや鶏の甘辛煮には、「〇〇ちゃんのお惣菜」と笑顔のおばちゃんの絵が描かれたポップが添えられています。これがまた美味しい。

そして、私はすっかりここの野草茶の大ファンになりました。ストックバッグに詰められた野草茶は、レモングラスや桑、日本山人参など20種類以上の野草が混ざっていて、なかには明らかにハサミで切った紙に、入っている野草の種類と効能、そして「続けているとなんとなく元気です」と書かれた紙が同封されています。

このお茶を初めて飲んだときは驚きました。今まで、こんな味のお茶に表参道で一杯1000円払っていたような……。需要と供給で価格が決まるなんて大嘘だよなと改めて思います。

国分には、東京でもお馴染みのチェーン店が建ち並ぶエリアがあります。イオンがどかーんと建っていて、いつものファミレスにいつものファストフード、いつもの寿司屋にいつものピザ屋。霧島にお金を落とすと決めた私には、用のない場所。

しかし、地方都市に行くと、この風景に出会わないことはありません。人口が減って、売上が伸びないとわかったら、その手の企業はすぐに撤退してしまうでしょう。判断材料は数字のみ。江戸っ子ですもの、そんな人情のない企業より、ずっと地元に居続ける企業を応援したいものです。

スーパーに行ったときも、できる限り鹿児島産のものを選ぶようにしました。ここで生きていくからには、鹿児島という土地に生きる企業を大事にしないと。東京にいたときは、これっぽっちも気にしなかったことを気にするようになりました。

それに、なんといっても同じような街並みは面白くもなんともなく、まるで興味を惹かれないのでした。東京の街が画一化していっているのも、結局は同じ。人々が文化を形成しているのではなく、企業が文化を押し付けているようにも見えます。

リスク回避の移住であって、のんびり生きたいわけじゃない

民生委員さんの協力もあって、畑の雑草を処理してもらい、耕運機で耕してもらい、おんぶにだっこでいよいよ畑づくりが始まりました。

野菜の苗は、園芸店だけでなく、件《くだん》の物産館やホームセンター、無人販売所にも売っています。それにしても、いまだにクレジットカードすら使えないお店がある一方で、無人販売所にペイペイの二次元コードが貼られていたときは驚きました。

自分が食べる分だけを作ると思うと、ひとつの野菜をたくさん植えるより、いろいろな種類を少しずつ植えたほうがよさそうです。

何しろど素人もど素人。失敗してもご愛敬と、たくさんの苗と苗木を購入しました。白菜、大根、春菊、キャベツ、ゴボウ、ブロッコリー、にんにく、玉ねぎ、ルッコラ、ベビーリーフ、苺……。ポポーとチェリモヤという謎の果樹も植えてみました。

それにしても生産者は強い。日本の自給率の低さは以前から言われていることで、国際問題などなんらかの形で輸入がストップしたら目も当てられない状況です。お金があっても「あげないよ」と言われたらおしまい。未来のことなんて誰もわからないわけで、住まいと食料を確保しておくに越したことはありません。

一方で、農業の就労者はどんどん減っているのが現状です。２０１０年からの10年間で約

60万人以上減少（農林水産省「農林業センサス累計統計年齢別基幹的農業重視者数」２０２１年）している現実に、危機感を覚えずにはいられません。

のんびり生きたいがための移住ではなく、独り者の私なりのリスクマネジメント。耕すべし！　耕すべし！

家から車で20分ほどの場所には牧場もあります。メイちゃんと訪れてみると、売店では牛乳やチーズ、生ハムなどが売られていました。さすがに畜産は無理だけど、生産地が近所にあるのは心強いものです。

いずれ野菜が育ったら、朝摘みの野菜にここのチーズと生ハムを添えて食すなんて贅沢もできそうです。

そう、贅沢。お金がかかることが贅沢というより、その行為自体が贅沢。毎日温泉に入れる贅沢、毎日採りたての野菜が食べられる贅沢、水道水をガブガブ飲める贅沢、広々とした部屋に住める贅沢。東京で生まれ育ち、お金をかける贅沢しか知らなかった私が知った価値観は、人間が生きていくための基本のような気がします。

私が移住したと言うと、多くの人から「いいなあ」と羨ましがられます。のんびりできると勘違いしている人も多いように思いますが、都会で生活を送るうえで、何かはわからないけれど、何かがおかしいと感じる人が増えているのかもしれません。

とはいえ、過去の私がそうだったように、お金を価値と考えている人も増えているようです。

東京の変容は、たぶん東京で生まれ育ったからこそわかること。

ご近所さんに「静かでいいところでしょう？」と聞かれると、今では心の底から「本当に来てよかったです」と言える自分がいます。

43歳になった今こそ、子どもの頃できなかった経験を

東京と行き来をするなかで、初めて自治会の仕事がやってきました。1回めは婦人会で行うゴミステーションの掃除、ほどなくして燃えないゴミの日の当番が回ってきました。やっとまともに自治会の人達と顔を合わせることができます。

霜の降りる畑を横目にゴミステーションに向かうと、既に数名の女性陣がほうきを握って忙しなく動き回っていました。あまり役に立ちそうもありませんでしたが、参加させてもらって、ある程度片付いたあと、自治会の班長さんから新しいメンバーとして紹介してもらいました。

婦人会の総会など知らない話が進行するなか、まごまごしていると、ひとりの女性が話し掛けてくれました。近くで自然農をやっている方で、自身も移住してきた経験からか気を遣ってくれることに嬉しく思いました。最後に皆さんにご挨拶をして帰ろうとすると、背後から「よさそうな人じゃない」と声が聞こえてほっとしました。

燃えないゴミの日は月に1回。班ごとにひとりずつ当番が参加して、自治会長さんと合わせて6名が集まりました。次々に訪れる人達からゴミを預かって、細かく分別していきます。本

来、こんなに人数は必要ないかもしれませんが、それをわざわざ効率化する必要もない気がしました。ここでは顔を合わせることが大切に思います。

当番のひとりは高校生。若者をこの辺りでは初めて見たような気がします。真面目そうな男の子で、そこにいた人達みんなの息子のような雰囲気です。熊本の企業に就職が決まったそうで、途中で学校のため先に帰っていきました。

その背中を見て、ひとりのおばさんが「いい子はみんないなくなる」と寂しそうにつぶやいたのが印象的でした。

終了時間が来て、改めて会長さんが私を紹介してくれます。ここでも方言を使えないのが悔やまれます。おばさんが、自己紹介のように物産館にお惣菜を出している話を始めました。あ、この人が〇〇ちゃんだ！　私が煮しめや鶏の甘辛煮をしょっちゅう買っていることを伝えると、嬉しそうに「今度、持ってってあげる！」と言ってくれました。

子どもの頃、町内会では子ども会というものが存在して、お祭りなどに一部の子ども達が駆り出されていました。理由はわかりませんが、私はまったくその手のものに参加したことがありませんでした。そもそも加入していたかどうかも不明です。

4年生から塾に通い、中学からは地元で遊ぶこともなくなり、地域の付き合いはかなり希薄だったように思います。すべてが初めての経験。都会で学んだ生きる術は、ここではまるで役に立ちません。

この歳にして新しい経験ができるのは、子どもに戻った気分でなんだかとても刺激的です。今後、地域とのかかわりが広がっていったとき、新たな問題も出てくるかもしれませんが、今はこの感覚を楽しんでみたいと思いました。

15 移住の前に、本当はやっておかなければならなかったこと

花の都を前向きに離れていく人達

私が鹿児島に移住したことが、周囲の友人や仕事関係者にもだいぶ広がって、随分会っていなかった人達から突然連絡をもらうことが増えました。サークルの先輩や大企業時代の同期、若い頃付き合っていた彼氏……、移住をしていなければ、もしかしたら二度と連絡を交わすことがなかったかもしれない懐かしい人達から次々に連絡が入って、久しぶりに会話をしたり、食事に行ったりと途切れそうだった縁が復活していきました。

お互いのお葬式に行ける関係性を築きたいと思う私にとって、その人の胸の内に、自分と過ごした記憶が残っているのは嬉しいものです。

ある日、以前ドイツとチェコを共に旅した友人から連絡が入りました。最後に連絡を取り合ったのは、コロナの問題がちょうど始まるか始まらないかの頃。オリンピックの期間中、東京は人でごった返すだろうから、ふたりでアイスランドに旅をしようと計画していたものの、間もなくしてそれどころではなくなってしまったのでした。

彼女との縁が途切れることはないとわかっていたので、数年連絡を取り合わないこともままあって、何かのタイミングでどちらからともなく連絡を取り合う関係です。

普段、ＬＩＮＥでやり取りをすることが多いのですが、そのときは珍しく電話が掛かってきました。何ごとかと出てみると、彼女も福岡に移住したというのです。

「コロナが始まってから、ずっとリモートワークだったし。悩んでたけど、綾ちゃんが移住したって聞いて背中押されちゃった！」

あっけらかんと話す彼女は会社勤めで、どちらかというと都会が好きなイメージでした。でも、移住先は福岡でも中心部ではなく、その報告に驚きました。

思えば、コロナが広がる前から少しずつ周囲でも移住をする人が増えてはいました。ファッション業界の人は、都心にアクセスのいい葉山あたりに行く人が多く、少し前は軽井沢が盛り上がっていると聞きました。同じように編集やライティングを生業にしている友人は鎌倉で畑を始めて、一緒に仕事をしていたスタイリストさんはいつの間にか逗子に引越していました。

でも、いわゆる会社員である友人の移住は、自由がきく職業ではない人達も動き始めたことを実感させられました。

東京の転出者の増加、千葉、埼玉、神奈川の転入者の増加、それらの地域の地価の上昇。20年前に夢見た、今では死語となったユビキタス社会がやっと訪れるのかも？　でも、結局、雇用自体は都会にあるし、実際に増えているのは都会の周辺だけ。私が描いた〝地方独自の文化が花開く〟のは、まだまだ遠い未来な気がします。

今まで、地方から東京に来た若者に出会うたびに、「なんで東京に来たの？」という質問を重ねてきました。過去は「やりたいことが東京にある」というポジティブな回答が多かったけれど、だんだんと「地元に仕事がない」というネガティブな回答が増えていきました。その状況は今も変わっていないように思います。

それでも、皮肉にもコロナウイルスの拡大によって、どんどん人口が増えて住みづらくなっていった都会から人が離れていくのは、何かの第一歩のような気がして、ほのかな希望を抱かずにはいられないのでした。

その地、その地に異なる文化があって、多様でユニークな町が全国に存在するほうがずっとときめく。都会のやり方を持ち込むのではなく、その地に住む人が、その場に即した文化を築いていく様を見てみたい。楽しさ至上主義である私の自分勝手な妄想です。

発想にまったくなかった、恐らく移住に必要なこと

福岡に移住した友人との会話のなかで、移住支援金の話が出てきました。……あ、すっかり忘れてた。

住民票を移動する際、不動産会社の久保さんから霧島市にも移住支援制度があるとは聞いていましたが、仕事の忙しさにかまけて完全に抜け落ちていました。

いただけるものはいただきましょう！　と、早速、市の中心部にある市役所の地域政策課を訪れることにしました。

不思議な赤いモニュメントの横を通って、比較的新しい大きな大きな庁舎の4階に上がって必要書類の一覧が記載されている紙を受け取ると、

「今、申請が多いので、受け取るまでに少し時間がかかると思います」

と言われました。ん？　申請が多いとな？

「それって、移住者が増えているってことですか？」

「お陰様で（にこり）」

少子高齢化でどこの町も人口が減っていることは明らかでしたが、霧島市の移住者が増えているとは思っていなかったので、意外な回答でした。なんでや。

考えてみれば、確かに霧島市は鹿児島県のなかでも2番めに人口が多くて、私にとっては、すごくバランスのいい町です。霧島温泉郷という観光資源を持っていて、海も山も車ですぐに行ける場所にある。私が住んでいるような山間部の生産地もあれば、国分や隼人のような市街地もあって、どこに行くにも車を少し走らせればいいだけ。住めば住むほど、なんて暮らしやすい町なんだろうと実感してはいましたが、同じように考える人が増えているのでしょうか。

うーん、お目が高い（何様）。

そして、はたと気づきました。もしかして、みんな移住する前に市役所に相談するのではな

かろうか。一応、お試し移住制度というものが存在していて、コロナ禍で中止になっているという情報だけは知っていましたが、そもそも「役所に相談する」という発想が私にはまったくありませんでした。

あれやこれやとネットで調べて、私としては結構、慎重に選んだつもりでしたが、住んでからのことは住んでみないとわからん、えいっ！　と家を購入して移住したのは、思えばなかなかのギャンブルだったのかもしれません。今のところ賭けには勝っているはず、あぶな。

今さらではありますが、市役所の人に霧島がどんな町なのか聞いてみたくなりました。移住者が増えてきている理由も。

今まで、何度か街づくりに携わる人々や市町村の方にインタビューをしたことがあります。その人達は、現状の課題に対して大きな目標を掲げ、地道に取り組んだ結果、それが軌道に乗りつつあることで全国的にも有名でした。

それとはまた違って、自分が住んでいるという理由の、ある意味一般的な市の人へのインタビューは、ほぼ経験がありません。でも、自分の今後の生活を考えれば、それはとても大切なことのように思えました。

企画書を作って堅苦しくオファーするよりも、事前に直接行って話をしてから正式に申し込んだほうがスムーズな気がして、近くを通ったときに再び地域政策課を訪れました。

残念ながら担当の方は不在でしたが、事情を説明して名刺を渡すと、女性の方が「連絡先は一緒なので」と霧島神宮の写真が入った名刺をくれました。

家に戻ってメールを送ると、すぐに担当の方から快諾の返事がもらえました。話が早い、素晴らしい。早速、数日後にアポイントを取り付け、お気に入りの音楽をかけながら再び市の中心部へと車を走らせました。

時間通りに訪れると、グループ長の貴島俊一《きじましゅんいち》さんと、メールをくれた松元聖哉《まつもとせいや》さんが待っていました。

会議室に通されて名刺交換をすると、貴島さんの名刺には高千穂峰、松元さんの名刺には霧島産の食材が並ぶ食卓の写真が印刷されていました。

貴島さんが「松元くんが答えるので、僕は隣に座っているだけです」と言うと、松元さんが「いやいや、おしゃべり好きじゃないですか」と返し、明るいムードが漂います。実は貴島さんが同じ地域に住んでいることなど、雑談を交わしてからインタビューが始まりました。

たくさんの町の魅力と、おまけの移住支援金

――少子高齢化で人口自体は減っていると思うのですが、先日、たまたま霧島市の移住者が増えていると聞きました。実際、どのような状況なんですか？
松元さん「もともと移住、定住の専門部署を設けたのが２００６年くらいで、移住定住の補助金を活用して霧島市にいらっしゃった方を移住者としてカウントしています。補助金を制度化

したのが２００８年からで、当初は13世帯の方に利用していただいたのですが、年を追うごとにだんだんと増えてきていて、制度開始から13年で６１１世帯の方が転入されています」

――じわじわ増えているんですね。霧島市ではどのような移住政策を行っているんですか？

松元さん「霧島市では、移住政策を３つの柱で進めています。ひとつめが移住ＰＲ体験事業、いわゆる移住体験ツアーのことですね。ふたつめが移住・定住促進イベント参加事業で、国際フォーラムや東京ビッグサイトなどで行われている移住イベントに参加して霧島市を広くＰＲするというものです。そして３つめが補助金制度です」

――移住体験ツアーっていうのは、お試し移住のお話ですよね？　一度調べたのですが、コロナ禍で中止していたので断念したんです。具体的にはどのようなことをするんですか？

貴島さん「ツアーといっても、３組くらいの小規模なものなんです。市の職員が空港にお迎えして、実際に移住された方のお話を聞きに行ったり、稲刈り体験をしたり。参加された方の希望を聞いて、移住した場合の物件が見たいと言われたら案内しますし、最近は霧島神宮のあたりで陶芸体験をすることもあります。夜は温泉街の人気宿や昔ながらの湯治場に宿泊していただきます」

――霧島全体を見て回るという感じなんですね。

松元さん「観光と移住体験の中間のような感じですね。パワースポットと呼ばれる霧島神宮や龍馬公園といった霧島の見どころを紹介しつつ、先輩移住者との交流を楽しんでもらいながら霧島での生活をイメージしてもらう形です。オーダーメイドまではいかないですが、こういう場所が見たい、こういう物件が見たい、このエリアが気になるといった要望があれば、柔軟に組み込むことができます。半オーダーメイド的なツアーですね」

――県外からの転入者は、どのような人が多いんですか？

松元さん「やっぱりまったく縁がないというよりは、Uターンの方が多いですね。最近は孫ターンという言葉もあるらしいんですよ。おばあちゃんやおじいちゃんの家が鹿児島にあって、移ってこられる方も増えています」

――孫ターン！　初めて聞きました。そういう言葉が生まれているということは、祖父母の家に行った経験から移住するパターンが増えてきているということなんでしょうね。補助金についてはいかがですか？

松元さん「大きく分けてふたつあって、ひとつは転入者向けのもの。藤原さんのように、霧島市外から霧島市に転入していただいた方ですね。もうひとつは転居者向けのもので、霧島市の国分や隼人といった市街地から、それ以外の地域に転居された方向けのメニューがあります。この補助金は空き家対策という側面も持ち合わせている制度なので、市街地への転入でも中古住宅を購入された場合は少額ではありますが、支援させていただいています。基本的には、中山間地域を対象にした制度で、たとえば藤原さんの場合だと、中山間地域に転入されて、中古物件を購入してリフォームされているので、50万円が補助されます」

——子どもがいたり、40歳未満の夫婦だったりするとさらに30万円の加算金もあるんですね。うぅ、私は対象外だな……。ちなみに補助金も移住の後押しになっているとお考えですか？

松元さん「自分的には、ないよりはあったほうがいいと思っています。一方で、〝補助金がなくても霧島に移住しましたか？〟というアンケートの質問に対して〝はい〟と答えた人が87％もいたんです。それがとても嬉しくて」

貴島さん「補助金に関してはどこの地域も同じようなことをやっていますし、僕達としても補助金というより、町の魅力で来てほしいという思いがありますね」

7つの町が合併してできた、七色の霧島市

——では、移住を決めた方は、どのようなことが決め手になっているとお考えですか？

松元さん「やっぱり空港があることは大きいのかなと思っています。全国に1700くらいの自治体があるなかで、空港がある自治体はたぶん80くらいしかないので。空港所在地ってそれだけ貴重な町なんですね。全国各地からいつでも霧島に来ることができるし、鹿児島空港は離島便も多いので、ここをジャンプ地として離島へもアクセスできます。それに、高速道路も整備されていて県外にも行きやすいのも強みですね」

貴島さん「あと、温泉の源泉数が10種類くらいあって、全国でもトップクラスなんですよ。標高も0から1700mまであって、七色の顔を持っているというか。利便性が悪い地域もある

けれど、福山あたりは黒酢の醸造や畜産が盛んで、若手の人がたくさん集まって盛り上がっていますよ」

松元さん「それと、私が個人的に思うのはやっぱり〝人〟なんじゃないかなと思うんです。いくらその土地が好きになっても、人との関係がうまくいかなければ、移住って実現しないじゃないですか。霧島の強みってなんだろうって考えると、実は人の温かさなんじゃないかなあ」

――それは私も普段から感じています。とくに子育て世帯は暮らしやすそうなイメージがありますがいかがですか？

松元さん「実は、私も以前2年ほど東京にいたんですよ。その頃に比べたら、断然こっちのほうが子どもを育てやすい環境ですね」

――それはどんなところで感じますか？

松元さん「言い出したらキリがないですけど、たとえば公園で遊ぶにしても東京だと遊具が取り合いなんですね。でも、ここだとサッカー場一面くらいはある芝生で、のんびりと誰に気を遣うでもなく遊ばせられますし、あとは、車があるのが大きいですね。都内だと車を持つことが難しかったので、いちいちベビーカーを押して、電車に乗って。地下鉄から降りて近くにエレベーターがなかったら担いで上がって。私は男性だからいいけど、妻は大変だったと思います」

――ちなみに、移住に際しての一番大きなハードルって、やっぱり仕事だと思うんですね。私は有難いことに、ある程度リモートワークが可能な職種なのですが、関西や関東など遠方からの移住者の仕事としてはどのようなものがあるんでしょう？

松元さん「テレワークの人は確実に増えていますね。藤原さんのご近所にも、東京から来た方がいらっしゃいますが、その方もテレワークということで移住されてきました」

貴島さん「霧島市の場合は誘致企業も多いので、県内のなかでいうと求人自体はそこまで悪くないんですよ。以前はリタイヤ組の移住者だったり、もともと県内で仕事を持っている人の移住だったりで、仕事の相談はほとんどなかったのですが、最近は県外の人から仕事も含めた移住の相談が増えてきました。あとは、東京圏から霧島市に移住して、鹿児島県の就職情報サイトに掲載されている求人で就業した場合、支援金制度の対象になります。お金の話ばかりするのも嫌なんですけどね」

松元さん「東京圏からだと、どうしても給与水準はガクッと落ちてしまいますが、住宅にかかる費用や食費もガクッと落ちます。実際に暮らしてみてどうですか？」

――私の場合、ひとりで暮らすにはだいぶ大きな家なので、電気代が上がったことは仕方ないとして、今はガソリン代がぐっと上がっているし、維持費を考えると車はちょっと大きいかもしれませんね。ただ、住居費と食費はおっしゃる通りどーんと落ちました。それに、もしかしたら、知らず知らずのうちに使っていた〝見栄〟代をかけなくなっているかもしれません。モノがあふれているから、欲も刺激されていたと思いますし。

住民票の移動を超えて、霧島市民になるということ

――今後、移住に関して、どのようなことを進めていこうとしているんですか？

松元さん「2021年の11月に、オンラインで移住ツアーを初開催しました。霧島市を海エリアと山エリアに分けて、それぞれ移住者の方に現地リポーターになってもらって、それぞれの魅力や暮らしをお届けするような形ですね。メインの配信拠点は霧島市役所で、それぞれをZoomで繋いでウェビナーとして配信したのですが、北海道から沖縄まで40人くらいの方に参加いただけて……正直、予想外でした。カンボジアやニュージーランド、シンガポールと、海外からの参加者もいて驚きました」

――年齢層としてはどんな方が参加されたんですか？

松元さん「子育て世帯の方がいたり、年配の方がいたり、本当に幅広く。今まで移住相談をしてくれた方にもDMを送ったのですが、それが一番効果的でしたね。移住って簡単には決められないじゃないですか。何度も何度も検討して、段階を経て決心に至ると思うのですが、このオンラインツアーをきっかけに決断してくれた方もいたので、やってよかったと思います」

――じゃあ、これは引き続きやっていくと。

松元さん「来年度以降も引き続き、もっと発展させながらやっていきたいです。霧島市だからこそできる、霧島市ならではの、且つ、時代に即したツアーが展開できればいいですね。移住

に至らずとも、霧島のよさを知ってもらって、その人達に霧島の魅力を発信してもらいたいという気持ちもありますし」

――関係人口を増やしたいということでしょうか？

松元さん「そうですそうです。特に、実際に霧島市に移住された方に主役になってもらいたいんですよ。それで今回も、先輩移住者と移住を希望される方を繋ぐという形で行ったんです」

――移住者同士の横の繋がりもあるんですか？

貴島さん「ありますよ。我々が間に入ることもあれば、自ずと繋がっていくこともありますし、その繋がりを大事にしていきたいと思っています」

小売物価統計調査（構造編）

物価が高い都道府県 TOP 5		
1位	東京都	104.5
2位	神奈川県	103.0
3位	京都府	101.0
4位	北海道 山形県	100.8
5位	千葉県	100.6

物価が安い都道府県 TOP 5		
1位	宮崎県	96.2
2位	群馬県	96.6
3位	鹿児島県	97.2
4位	奈良県 岐阜県	97.3
5位	長野県	97.4

「小売物価統計調査（構造編）」より
物価が高い都道府県と物価の安い都道府県全国平均を100として算出。

「小売物価統計調査（構造編）2021年度」（総務省）
https://www.stat.go.jp/data/kouri/kouzou/pdf/n_2021_1_1.pdfをもとに編集部作成。

——じゃあ、今度その東京から来たというご近所さんをぜひ紹介してください！　最後に、今後の目標を教えていただけますか？

松元さん「霧島に空港があるということが意外と知られていないので、まずは気軽に来られるんだよってことを知ってほしいですね。都会に住んでいると、日頃の疲れを癒やしに1泊か2泊で温泉に行くと思うんですけど、霧島の場合は、日常生活に温泉があるんですね。気軽に足を運べるし、安価で、素晴らしい泉質で、そしてそこで人と人との交流が生まれたり、家族同士の絆が深まったり、そういう楽しみ方ができるのが田舎のよさであり、霧島のよさなんだと思います。霧島の魅力に惹かれてやってきた先輩移住者同士を繋いで、移住を考えている方々に紹介していきながら、霧島を好きな人がどんどん集まる町にしたいですね」

その後、貴島さんと松元さんは、市役所の人というよりも、ご近所さんのように、福山から見えるダイヤモンド桜島の美しさや、美容にもいいという関平《せきひら》鉱泉という美味しい水があること、年輪堂というおすすめのカフェなど、既に移住している私に霧島の魅力をたくさん教えてくれました。行きつけの温泉を互いに話したり、貴島さんが飼っている牛の話をしたり、人間味のある会話が続きました。

霧島の現状や、移住制度について聞こうと始まったインタビューでしたが、終わったあと心に残ったのは、このおふたりは霧島のことが本当に好きなんだなということ。インタビューの途中、「市民の生命と財産を守るのが市の使命」という言葉が当たり前のように出てきたこと

住宅・土地統計調査　都道府県別の主な指標

					専用住宅					
都道府県	総住宅数(1000戸)※	居住世帯のある住宅数(1000戸)	空き家率(%)	持ち家住宅率(%)	1住宅当たり居住室数(室)	1住宅当たり居住室の畳数(畳)	1住宅当たり延べ面積(㎡)	1人当たり居住室の畳数(畳)	1か月当たり家賃・間代(円)	1畳当たり家賃・間代(円)
全　国	62,407	53,616	13.6	61.2	4.4	32.74	92.06	14.06	55,695	3,074
北海道	2,807	2,417	13.5	56.3	4.24	33.14	90.16	15.62	41,715	2,016
青森県	592	502	15	70.3	5.26	40.61	119.95	16.57	38,264	1,882
岩手県	579	484	16.1	69.9	5.35	40.37	118.87	16.07	39,990	2,021
宮城県	1,089	954	12	58.1	4.47	33.62	96.48	14.03	48,894	2,753
秋田県	446	384	13.6	77.3	5.61	44.14	130.41	17.73	39,404	2,016
山形県	449	393	12.1	74.9	5.68	42.84	133.57	15.77	42,234	2,278
福島県	861	731	14.3	67.7	5.12	38.09	111.42	15.05	41,386	2,189
茨城県	1,329	1,127	14.8	71.2	4.91	36.88	106.97	14.56	45,231	2,426
栃木県	927	761	17.3	69.1	4.84	35.98	105.59	14.26	44,953	2,395
群馬県	949	787	16.7	71.4	4.83	36	106.69	14.68	42,601	2,318
埼玉県	3,385	3,023	10.2	65.7	4.26	31.72	86.52	13.16	59,358	3,276
千葉県	3,030	2,635	12.6	65.4	4.28	32.4	89.21	13.76	57,421	3,198
東京都	7,672	6,806	10.6	45	3.24	24.75	65.18	12.17	81,001	5,128
神奈川県	4,504	4,000	10.8	59.1	3.86	29.59	77.8	12.95	68,100	3,898
新潟県	995	844	14.7	74	5.51	41.76	127.25	16.04	45,038	2,472
富山県	453	391	13.3	76.8	6	45.86	143.57	17.42	42,992	2,350
石川県	536	455	14.5	69.3	5.34	40.92	124.68	16.68	44,888	2,431
福井県	325	279	13.8	74.9	5.79	42.89	136.89	15.67	42,374	2,224
山梨県	422	329	21.3	70.2	4.99	37.71	110.34	15.35	42,592	2,290
長野県	1,008	807	19.6	71.2	5.29	40.37	119.99	16.02	43,252	2,275
岐阜県	894	750	15.6	74.3	5.67	41.96	120.39	15.86	44,046	2,233
静岡県	1,715	1,425	16.4	67	4.77	35.97	102.02	14.23	50,038	2,646
愛知県	3,482	3,069	11.3	59.5	4.5	34.03	94.04	14.02	52,492	2,824
三重県	854	720	15.2	72	5.26	38.19	109.65	16	43,656	2,289
滋賀県	626	543	13	71.6	5.44	39.7	114.63	15.37	47,947	2,552
京都府	1,338	1,159	12.8	61.3	4.32	30.47	85.74	13.77	54,605	3,282
大阪府	4,680	3,950	15.2	54.7	3.93	28.29	76.2	12.8	55,636	3,227
兵庫県	2,681	2,309	13.4	64.8	4.56	33.98	92.68	14.53	55,337	2,872
奈良県	618	529	14.1	74.1	5.31	38.51	110.04	15.46	48,492	2,382
和歌山県	485	384	20.3	73	5.07	35.21	104.24	14.82	40,984	2,127
鳥取県	257	216	15.5	68.8	5.47	38.27	120.12	15.1	40,275	2,171
島根県	314	265	15.4	70.2	5.48	37.65	121.96	15.07	39,797	2,091
岡山県	916	771	15.6	64.9	5	35.56	104.92	14.68	45,489	2,467
広島県	1,431	1,209	15.1	61.4	4.56	33.37	92.64	14.55	48,361	2,569
山口県	720	591	17.6	67.1	4.89	34.39	101.47	15.28	39,559	2,079
徳島県	381	305	19.5	69.2	5.13	37.3	109.31	15.74	41,719	2,114
香川県	488	398	18.1	69.3	5.18	37.99	107.48	16.05	44,020	2,192
愛媛県	714	581	18.2	66.5	4.81	33.63	98.67	14.85	40,819	2,047
高知県	392	315	19.1	64.9	4.73	32.43	93.98	14.97	40,255	2,058
福岡県	2,581	2,239	12.7	52.8	4.07	30.2	83.89	13.51	48,429	2,589
佐賀県	352	300	14.3	66.9	5.12	37.43	111.22	14.17	42,777	2,132
長崎県	660	555	15.4	63.7	4.67	31.99	96.07	13.66	40,781	2,096
熊本県	814	698	13.8	61.9	4.6	33.22	98.69	13.53	40,361	2,082
大分県	582	482	16.8	63.6	4.77	33.97	97.08	14.74	41,447	2,127
宮崎県	546	460	15.4	65.7	4.47	31.72	93.84	13.91	38,353	1,972
鹿児島県	879	709	19	64.6	4.31	29.63	87.93	13.51	37,863	2,016
沖縄県	653	577	10.4	44.4	3.81	27.51	75.31	11.14	45,560	2,336

※居住世帯なしの住宅を含む。
「平成30年住宅・土地統計調査結果」(総務省統計局)
https://www.stat.go.jp/data/jyutaku/2018/pdf/kihon_gaiyou.pdfをもとに編集部作成。

も印象的でした。

霧島が好きな人に集まってほしい。確かに。

霧島を変えたいと思う人ではなくて、今の霧島の姿を好きな人達が集まって、このなかで経済を回しながら、この町を守っていくことだって本当はできるんだろうなあ。

少子高齢化、休耕地の増加、空き家問題。課題はたくさんあるけれど、霧島を愛する人達がもっとたくさん集まって、競争ではなく協力という形で乗り越えることはできないのだろうか。

もう住民票は移しているけれど、こんなことに思いを馳せるようになって、だんだんと自分が霧島市民になっていくような気がしました。

16

東京と鹿児島の持ち家、二重ローンからの心地よい脱出

数々の出会いを呼ぶ、励ましティータイム

仕事とマンションの掃除で、東京行きを翌週末に控えたある日、デザイナーの川村さんからLINEが入りました。

「ねえねえふじわらさん〜来週の土曜日お茶しない？」

なんと、ちょうど私が東京に行く日ではありませんか。指定された場所は品川駅から比較的近いホテルのラウンジだったので、トランクを抱えてそのまま行けばなんとか間に合いそうです。絶好のタイミング。鹿児島に移住したことと、少し遅刻するけど参加する旨を伝えて、手帳に新たな予定を書き込みました。

もともと10年ほど前に仕事で知り合った川村さんですが、プライベートでも会うようになって、今では年に1、2回お茶をする間柄です。ふたりで行くこともありますが、気まぐれに開催されるお茶会は、毎回ほぼメンバーが違うので、近い業界の新たな出会いがあって、それもまた面白いのでした。

数人でランチをしてお話をするという日常的な出来事ですが、前日に美しくデザインされたインビテーションが届きました。

〝Encourage one another. ようこそ励ましティータイムへ〟

裏には、数か月前に入院してたくさんの人に励まされたので、自分も誰かを励ましたいという思いから、好きな人を呼んでお茶会をすることにした旨が書かれていて、この一枚が日常を特別なものにしてくれるのでした。

当日は羽田空港から京急線で品川駅に向かい、そこからタクシーで現地へと向かいました。

到着すると、川村さんと、お友達でクリスチャンの康子さん、以前インタビューもさせていただいた服飾デザイナーのスズキさん、そして新鋭スタイリストの野崎さんと、バラエティに富んだ面々が揃っていました。

いそいそとお土産の霧島茶を配り、初対面のふたりとの挨拶を済ませて会話に加わります。だいぶみんなと打ち解けたところで、川村さんに「そういえば、マンションはどうしてるの？」と聞かれました。

今はもうほとんど帰っていないので、もろもろ処分したら不動産会社に仲介を頼もうと思っていると伝えると、

「ちょうどいいじゃない。聞いてみれば？」と野崎さんに向かって言いました。

ん？　何か展開あり？

話によると、野崎さんはアシスタントを卒業して間もなく、仕事が安定していなかったのでマンスリーマンションに住んでいたそうです。数か月前に賃料を値上げするという通知が来て、プラス８万円の金額を提示されたとのこと。

今は仕事も安定してきたので引越しを考えていて、住みたい街で物件を捜索中。ところがなかなか見つからず、マンションの更新時期が間近に迫っているのだそうです。

なんとタイミングのいい話。干天の慈雨、闇夜の提灯。

部屋の借主を、ＳＮＳで友人に向けて募ってもよかったのですが、トラブルが起きたときに逆に大変かなあと、この話を聞くまでは不動産会社に頼むつもりでいました。でも、知っている人、しかもとても感じのいい人が住んでくれるなら、それに越したことはないと一瞬でくるりと考えが変わりました。そう思えたのは、野崎さんだったからだと思います。

たとえ、１、２か月の話でも、住んでもらったほうが有難い。私が東京にいる期間で、ふたりの日程を合わせると、あっという間に内見のスケジュールが決まりました。

スズキさんにはインタビューでは聞けなかった話を伺い、康子さんからはメッセージが入ったカードをもらい、野崎さんはもしかしたら我が家の住人になるかもしれない。

たくさんの出会いを提供してくれた川村さんのおかげで、いい東京のはじまりを迎えました。

目の前には、空っぽの部屋とホットチョコレート

私のマンションは、今の鹿児島の家と同様、壁を全部取っ払っていて、総柄の壁紙が貼られたところもあれば、好みがわかれる色で塗られた壁もあります。変てこなブロックが貼られていたり、扉に絵が直接描いてあったりと、好きな人は好きだけど嫌いな人は嫌いだろうと容易に想像できる物件です。

壁紙はそのまま使ってほしいけれど、壁の色は好きに塗り替えても構わないし、釘を打っても構わないし、絵を消してもブロックを取っ払ってもまったく構わない。何よりそういうことを楽しいと思える人に住んでもらいたいと思っていました。

「いろいろリフォームしたいけど、賃貸だとやる気にならないんだよね」という友人の言葉を聞いていたので、そう簡単にはいかないだろうと思っていましたが、きっと、この手の話は巡り合わせ。今回のことは動き出すいいきっかけになりました。

内見当日、野崎さんは時間通りにやって来て、お土産に洒落たホットチョコレートミックスなるものをくれました。

今までマンスリーマンションに住んでいたということで、家具や家電を持っていない状態。でも、私の家に残っているのは、マットレスとローテーブル、ビーズクッションに備え付けのデスクと本棚だけ。次の物件が決まるまでの間とはいえ、洗濯機や電子レンジのない暮らしは

かなり不便でしょう。

野崎さんは「広いですね」「公園が目の前にあるって、やっぱりいいですね」と、家は気に入ってくれたようでしたが、部屋のことをひと通り説明し終わると、何か言いづらそうに話し始めました。

私の家に住む可能性が高くなって、野崎さんがその件を管理会社に伝えたところ、ふたりで住んでいると勘違いしていたと言って、突然、値上げ額を1万5000円に減らすと言い出したのだそうです。ひとり減ったから8万円が1万5000円になる理屈もよくわかりませんが、それにしても故意だとしたらなかなか悪質な話。

それでも、内見してみたい気持ちも管理会社への不信感もあって、今日ここまでやって来たとのこと。

次の物件が決まるまでの短期間のために、わざわざ引越す必要はなく、しかもマンスリーマンションには家具も家電もすべてが揃っています。そればかりか、プラス1万5000円なら、私が提示した金額よりも安いので、そもそも野崎さんが引越す理由がなくなってしまったのでした。

どう考えてもそのまま引越さずに物件を探したほうがいいので、断ってくれてまったく構わないと伝えて、後日連絡をもらうことになりました。

もし、川村さんの顔もあってわざわざ来てくれたのだとしたら、気を遣わなくても大丈夫なタイプですと伝えたい。

残念ながら野崎さんが私の家に住むことはありませんでしたが、これもご縁。

ふりだしに戻ってしまったものの、やっとお尻に火がつきました。次回、東京に来たとき、今あるものをすべて処分して、クリーニングをいれて、写真を撮って不動産会社に相談しよう。

次に、東京に行くのは恐らく2週間後。仕事の日程が決まり次第、粗大ゴミ収集と清掃の予約を入れることにしました。

突然現れた、ふたりめの候補者

鹿児島での生活はとても刺激的です。植物の成長を観察したり、カメムシの捕獲方法を学んだり、本来、子どもの頃に経験するようなことが、私の欠けている何かを埋めていってくれるような気がします。

温泉へ向かう道中で見える空の色は毎日違っていて、霧島という名にふさわしく、霧が山間から立ち上る様の美しさったらありません。

ある夜、仕事に煮詰まって、庭に出て空を見上げると、ちょうど台風が横を通り過ぎるところでした。風に引きはがされるように、夜空を覆っていた厚い雲がものすごいスピードで流れていって、満点の星空が姿を現しました。壮大な情景を目のあたりにして、これが日常かと思うと、ここに住むことの価値を思い知らされます。

鹿児島での生活を満喫していると、2週間なんてあっという間です。気づけば東京に行く日が訪れていました。東京に行ったら行ったで、仕事はもちろん、移住したことでレアキャラになった私を誘ってくれる友人がいて、霧島茶や黒米を配っては積もる話に花を咲かせました。

その日は、北欧のテキスタイルブランドの撮影で、馴染みのフォトグラファーさんとスタイリストさんと一緒でした。光の注ぐハウススタジオで和やかに撮影を進めていると、ふと思い出したように、スタイリストの鍵山さんから「そういえば、マンションはどうしてるの？」と聞かれました。

粗大ゴミを処分してクリーニングが終わったら貸しに出そうと思っていることや、短期で貸す話があったけれど事情があって流れてしまったことを話すと、鍵山さんがひと言。

「私、ちょっと興味ある。内見に行ってもいい？」

なんですと！

もとはと言えば、これも川村さんが繋げてくれた縁で、初めて川村さんとお仕事したときに鍵山さんともご一緒したのでした。

スタイリスト以外にも、自身でものづくりをしている鍵山さんなら、私の部屋を楽しんでくれる気がします。センスのよさはお墨付きです。

早速、内見の日程を取り付けて、我が家に来てもらうことになりました。その前に粗大ゴミの処分とクリーニングは終わっている予定です。タイミングも素晴らしすぎる。

もろもろの作業が終わり、本当にすっからかんとなった部屋に鍵山さんがやって来ました。この部屋のいいところも悪いところも全部知ったうえで住んでもらいたくて、好きに塗っていい壁、むしろ塗ってほしい壁、開きづらい網戸、南東と言いたいところだけどほぼ東であることなど、あれやこれやと伝えました。壁紙を指して「これ、モリス？」と、スタイリストさんらしい質問も。

屋上にも一緒に上がって、洗濯物をここに干すことや、天気がいいと富士山が見えること、仕事の帰りが遅くなったときは、時間外にこっそり取り込んでいることなど、このマンションに住んだときのイメージが湧くように、ここで暮らした14年の記憶を辿りました。

鍵山さんは終始笑顔で、マンションとの相性は悪くない様子。前向きに考えていることを前提に、来週に視える人に会うので、最終的にその結果を聞いて決めたいとのことでした。

頼む、オーラ的な何かよ。よき未来を映し出しておくれ。

その願いが通じたのかいざ知らず、翌週、翌々月の頭からお借りしたいですと嬉しい連絡が入りました。

生まれ変わった部屋で、縁について考える

契約書を作ったり、火災保険の加入をお願いしたり、マンションに申請したりと、慣れない作業をどうにか終えて、いよいよ鍵山さんの引越しの日が迫ってきました。

ちょうど、その直前に東京に行く予定が入っていたため、最後に点検を兼ねて部屋を見に行くことにしました。

慣れた扉を開けると、部屋はリフォームの完成を喜んだときと同じ顔をしていました。この部屋に別の人が住むと思うと、もっと寂しい気持ちになるかと思っていましたが、知った人が住んでくれる安心感なのか、なんだか晴れやかな気持ちです。

メールで送ってもよかったのですが、なんとなく手書きで残しておきたくなって、伝え忘れた注意事項をまとめておくことにしました。近くにあるお気に入りの定食屋のことや、管理人さんの話が長いこと、紫外線のためにカーテンは残してあるけれど替えても構わないこと。お手紙と集合ポストの鍵をデスクに置いたら、この部屋とは当分お別れ。新しい人に可愛がってもらいなはれ。

その後、鍵山さんから完成したらぜひ遊びに来てくださいというメッセージと共に、壁を塗り直している最中の画像が届きました。新しくなる部屋を思うと、私の心も弾みます。

リフォームが終わったと聞き、早速、東京に行くタイミングで連絡を入れて、生まれ変わった部屋を見に行くことにしました。

家に行く前に、移住支援金の受け取りに必要な書類を区役所に取りにいき、足繁く通っていた小道具屋さんに立ち寄り、いつもの定食屋さんに顔を出しました。定食屋を営む親子には鹿児島に移住したことは既に伝えてあって、常連のおばちゃんから「あら、久しぶり！　元気にしてた？」と声を掛けられました。変わらない風景にほっとします。

いつものように定食をペロリと平らげ、歩いて数分のマンションに向かい、かつて自分が暮らした部屋のチャイムを鳴らしました。すぐに鍵山さんが笑顔で迎えてくれます。

たたきに立つと、入ってすぐの深い藍色だった壁は、明るいオフホワイトに生まれ変わっていました。この部屋、こんなに明るかったっけ？　布製のハンティングトロフィーを飾って穴が開いていた正面の壁には、子ヤギを抱えた少年をかたどったセンスのいい陶器の壁掛けが飾られています。

なんでこの色を塗ってしまったんだと後悔していた洗面所の壁は、廊下とは微妙に異なるほんのりピンクがかったオフホワイトに変わっていて、そのこだわりも嬉しく思いました。

私がリビングにしていた場所には、杉の木のダイニングテーブルが置かれていて、これがまた素敵。とりどりのカゴが棚に収められていて、ベランダには球根やハーブがすくすくと育っていました。さすが好奇心を掻き立てるものがあちらこちらに置いてあって、ついつい目移りしてしまいます。

鍵山さんがケーキとお茶を出してくれて、お互いの近況を報告し合いました。家に来る人が皆、この部屋はいいと言ってくれると聞いて、冗談交じりにそうでしょうそうでしょうと深く頷きます。

「視える人に、この部屋は誰でも住めるわけじゃないって言われたの」

思えば、野崎さんがそのまま住んでいたら鍵山さんがここに住むことはなく、野崎さんが住みたい町で物件を見つけたら、きっと不動産会社に仲介をお願いすることになっていたでしょう。そんな野崎さんにも鍵山さんにも、川村さんと出会っていなければ出会うことはなかったし、本当にいろいろな縁が結びついていることを実感します。

　この家を私に売ってくれたおばあちゃんのことを思い出しました。そもそも彼女が私を選んでくれていなければ、この優雅なティータイムもなかったはず。ふいにミシンが目に入って、そういえばと思い出しました。

「私の前に住んでいたおばあちゃん、洋裁の仕事をしてたんですよ。新築からその人が住んでいたから、鍵山さんで3人め」

「へえ……、洋裁」

　ふたりで思わず部屋を見渡しました。

　なんだか、おばあちゃんの思いも繋ぐことができた気がします。やっぱり縁ってあるよなあ。あるとしか思えん。少しでも高い値段で貸そうとか、少しでも安い仲介業者を探そうとか、そんなことをしたところでストレスは生まれても縁は生まれないもんね。フリーランスとして今までどうにかやってこられたのも、すべては人との繋がりのおかげ。

　それにしてもいい家だ。私には見せなかった表情に惚れ惚れしながら、程よく甘いスポンジを口に運びました。

17

料理嫌いの女の畑に、次々と野菜が実を結ぶ

畑も黙り込む、寒暖差激しい霧島の冬

移住先に鹿児島を選んだ理由のひとつに、雪が滅多に降らないことがあります。豪雪地帯には名湯が多く、寒風吹きすさぶ雪のなかを進んだことは何度もありますが、子どもの頃から慣れ親しんでいる人には日常でも、大雪で大騒ぎになる東京で育った私にはハードルが高すぎます。自然は甘くない、遭難を経て得た教訓です。

鹿児島に移住したというと、火山灰を心配されます。私が住んでいる地域ではほとんど降りませんが、鹿児島市内に住む親戚からは、以前から桜島との共存について話は聞いていました。雪が降っても、火山灰が降っても、それでもやっぱり、そこで暮らす人達がいる。生まれた場所や縁というものは、ときに合理的であることを凌駕します。

以前、霧島温泉郷に旅行で来たとき、たまたま大雪の日に出くわしたことがあって、霧島の冬がそれなりに寒いことは知っていました。私が住んでいる山側の道路は凍結する日もあると聞いています。

ましてや、私は部屋を仕切る壁を全部取っ払ってしまったため、家のなかが寒いことは必至。私の部屋を見た人達は皆、「冬は大丈夫?」と心配を口にしました。

しかも、私が住んでいる地域は標高が高いこともあって、朝と夜の寒暖差が激しく、昼間は小春日和にウキウキしていたのに、夜になると猛烈な寒気に包まれる日も。寒波が訪れる前日は、市から水道管が凍結したときの連絡先がアナウンスされました。

最初は、憧れの灯油ストーブを2、3台置こうかしらん、と安直に考えてとりあえず1台導入したものの、今年は灯油代が爆上がり。しかも、灯油缶18ℓ×2をえっちらおっちら運んでも、あっという間に空になります。この作業は何歳までできるんだろう、女ひとりの限界を突き付けられた気がしました。

薪ストーブは部屋が暖まるまでに2時間もかかると知って諦め、東京で重宝していたガスストーブはプロパンガス代に怯えて諦め、渋々灯油ストーブ1台とエアコン2台で乗り切ることにしました。

秋に張り切って苗を植え、種を蒔いた畑でしたが、冬の間は本当に静かでした。野菜達はゆっくりゆっくり育ってはいますが、劇的な変化は見られません。雑草もさほど伸びることなく、たまに混んだ葉を間引く程度。寒さもあって、冬のあいだ畑はほぼほったらかしでした。ぐうたら初心者の本領発揮です。

最初に食べられる状態に育ったのは、ルッコラでした。恐る恐る葉をちぎって口に入れてみると、ルッコラ特有の辛みと苦みがちゃんとあって、何よりとんでもなく新鮮でした。

以前、結婚していたときに、マンションのベランダでトマトを育てたことがありました。東向きの部屋だったからか、実はふたつしかならず、とは言え食べてみようとなったとき、ふたりとも口に入れるのを本能的に躊躇《ちゅうちょ》しました。

スーパーで売られているトマトは平気で口に入れるのに、自分で育てたはずのトマトは、なんだか毒でも盛られているような。軟弱な都会っ子ふたりは、パックに入ったトマトしか知りません。結局食べてはみましたが、美味しいのかよくわからないねと言い合い、その後、野菜を育てることはありませんでした。

でも、目の前でニョキニョキ生えているルッコラは、明らかに美味しい。プランターと畑の違いなのか、日当たりの違いなのか、土の違いなのか、その理由はいざ知らず、こんなものが毎日食べられるのかと思ったら、春の訪れが余計待ち遠しくなりました。

その後、ベビーリーフとサラダほうれん草が育ち、毎朝葉っぱを摘んでは、近所の定食屋のオリジナルドレッシングをかけて食べるのが日課となりました。

たった1週間で、畑は華麗なる変身を遂げる

兄が仕事で来鹿することになり、霧島の家にもやって来ました。

子どもの頃、周りの子ども達が戦隊ものに夢中だったとき、ＮＨＫの「趣味の園芸」に没頭

していた兄にとって、うちの庭と畑はパラダイスだったようです。

ブロッコリーはそろそろ収穫、玉ねぎはもう少し時間がかかると、ひとつひとつ楽しそうに解説していきます。気づくと、小まめに雑草を抜いていたはずのパクチーが、いつの間にか雑草に埋もれていました。まだ肌寒いけれど、目で春の足音を感じます。

立ち寄る程度の時間しかなかったものの、兄は我慢できなかったらしく、鎌を貸してくれと言って、枯れた紫陽花の手入れを黙々と始めました。

ひと通り終わると、畑の入り口に立って遠くまで広がる景色を眺めていました。私もぼーっとしたいときはそこに立ち、先日インタビューで訪れた弦さんも、同じ場所に立って同じことをしていました。そうしたくなる眺望が、そこにあります。

少しずつ春めいてきたかな？　という頃、畑にアブラナ科と思われる大きな葉をもつ植物が点々と育ち始めました。大根の種が飛んだのかと思って引っこ抜いてみると、根っこはひ弱で、大根ではないようです。

植えたわけではないので、気になったら抜いていましたが、気が付くとその数はどんどん増えていきました。雑草も育ち始め、土が少しずつ緑に覆われていきます。

そろそろ雑草の処理に追われる季節が始まるんだなあ。以前、不動産会社の久保さんが「この広さなら、刈り終わった頃には、もう次の雑草が生えてるよ」と笑いながら脅し文句を言っていましたが、その作業がどのくらい大変なのか想像できませんでした。

そんなときに仕事で東京に行くことになり、鹿児島の家を1週間ほど空けました。仕事に友人との交流にと充実した日々を送り、鹿児島に戻って空港を一歩出ると、明らかに風の当たりが変わっていました。春だ。

先日までの鋭利な冷気は消え失せて、そこに立っているだけで微睡《まどろ》んでしまうような、肌と空気の境界が曖昧になるような、とろける心地よさに包まれる季節。数日後、また冬に逆戻りするとは露知らず、一番好きな季節の到来を喜びました。

空港から自宅へと車を走らせている間も、たった1週間しか経っていないのに、窓を流れる景色が違って見えます。陽射しが少し強くなって、植物の生命力がぐんと増した感じ。

東京でも、目の前の公園で四季を感じることはできましたが、あの家じゃなかったら、季節の移り変わりにもっと鈍感だったはず。でも、霧島では、季節が手を振りながらこっちに向かって歩いてくるようで、否が応でも敏感になります。

国道を曲がって、我が家へと続く道に入ると、ご近所さんの木々はショッキングピンクの花を咲かせ、プランターの蕾もほころび始めていました。

気分よく自宅にたどり着くと、自分の畑を見て目を疑いました。

畑は一面に紫の花々が咲き乱れ、そのなかに点々と、でも決して少なくない量の菜の花が鮮やかに揺れています。謎の大きな葉っぱを持つ植物の正体は菜の花だったようです。1週間前、まだ畑に色はなかったのに、なんて美しい。いつもの場所に立って、畑をぐるりと見回します。

ちょうどお隣の奥さんが畑の作業中で、声を掛けられました。

「綺麗ねえ」

「本当に」

でも、この紫の花々は雑草で、放っておくわけにはいきません。ぼーっとしていたら、また荒地に後戻り。

しかも、兄が言っていたようにブロッコリーはすっかり食べられる状態まで育っていて、影を潜めていたパクチーは、いつの間にか雑草よりも背が伸びていました。

野菜を食べないと。雑草も処理しないと。土づくりもしないと。

春の来訪とともに、風光明媚と大量のタスクが突然目の前に現れました。

乱れに乱れた生活を立て直す太陽の存在

私の体内時計は30時間ある。そう思わずにはいられないほど、東京での生活リズムは乱れに乱れていました。夜はいつまでも起きていられるけれど、ショートスリーパーではないので、寝ないとつらい。旅行の前日は寝ずにギリギリまで仕事をしてそのまま旅立つのが定番です。

コロナの前はロケが頻繁にあったので、朝の5時や6時集合という日もざらにありました。フォトグラファーが日の出を狙いたいと言えば3時集合。一方で、朝まで原稿を書く日もあって、寝る時間も起きる時間も食べる時間も毎日バラバラ。でも、それが苦痛かと言われると、私には合っているようで、体は健康そのものです。

しかも、独り身ゆえに旦那が起きるわけでもなく、子どもを起こすわけでもなく、自由すぎるくらい自由なので、その生活習慣を改める機会を見失っていました。

時間を縛るものは仕事だけ。その仕事をぎゅうぎゅうに詰め込んで、仕事と仕事の隙間に友人との時間や旅の時間をねじ込んで、朝昼晩の概念ではなく、やりたいことやらなければならないことで自分を動かしてきました。

でも、鹿児島に移住して、とうとう私の毎日を縛るものが出てきました。温泉です。車で15分の場所にあるベスト・オブ・近所の温泉は21時までで、毎日19時半から21時は温泉タイムに充てられました。東京ではほぼ毎日シャワーで済ませていたけれど、温泉となると話は別です。旅行中と同じように、しっかり入浴時間を確保することにしました。目と鼻の先に愛してやまない楽園があるというのに、入らない人生なんてありえない。そもそも、温泉があるからこの場所を選んだわけで、豊かさを自ら手放すなんて本末転倒です。

仕事と温泉だけが私を縛る生活が続いていましたが、春の訪れによって、新たに畑仕事が加わります。雑草が生えだした今はまだ序の口。これから夏に向かって勢いを増し、虫もごまんと出てくるでしょう。雑草を刈って、土を耕して、夏野菜を植える準備に入らねば。

畑仕事は、太陽が出ている時間しかできません。でも、昼間は仕事がある。あれ、もしかして早起きするしかないのかも？

田舎のお店が早く閉まる理由がわかった気がしました。私の体は24時間営業の東京仕様で朝も昼も夜も関係ないけれど、ここでの生活は太陽に縛られるんだ。太陽が出ている時間にしかできないことがあるから、早く起きるのが当たり前だし、天気予報も気にかける。

まるで自信はないけれど、やるしかないわな。出版社時代から生活はぐちゃぐちゃで、一時的にどうにか立て直しても、〆切前にまた崩れるを繰り返し、いつか体を壊すんじゃないかと冷や冷やしていた今までの生活。そんな毎日も決して嫌いじゃないけれど、体に支障をきたしてからじゃもう遅い。

43歳、そろそろ生活を見直す時期に来たのかもしれません。

生きていくために必要なことができない理由は何なのか

東京にいたときは、見事にほぼ毎日外食でした。仕事や遊びが優先、作る時間がもったいない。かと言って、食に興味がないかと言えば、まったくそんなことはなく、美味しいものをたくさん食べたいという欲は人一倍あります。

家仕事のときは近所の定食屋にウーバーイーツ、外仕事のときはその地その地で安くて美味しいお店を探し、ときに女友達と美食会も。コロナ前は友人や仕事関係の会食も頻繁にありました。定食屋のおばちゃんが倒れて半年間お休みだったときは、食生活がかなり乱れたことを覚えています。

鹿児島にやって来てからも、最初は仕事の息抜きがてら周辺にあるお店を探しては、12時のチャイムでレオが雄叫びを上げ出すのを合図に、ランチへと繰り出していました。

でも、物産館や無人販売所には新鮮な野菜が並んでいます。さすがにそれも食べてみたい。そして、畑ではブロッコリーに続いてキャベツや春菊などが続々と旬を迎えました。食材があるからには作るしかありません。

食べることは好き、でも作るのも後片付けも面倒。昭和のおじさんの気持ちがわかります。仕事が終わって「おい、飯」と言ったら運ばれてくるんだもんなあ。最高だわ。それで熟年離婚を考える昭和のおばさんの気持ちもわかりますが。

母が新聞に載っていたレシピを切り抜いて、冷蔵庫に貼っていたことを思い出します。小学4年生で塾に入ってからは母の料理を手伝うことはなくなり、高校2年生で母が亡くなってから家庭の味を受け継いでいなかったことに気づきました。祖母もバリバリ働いていたので、料理はするけど好きではないと公言していて、私に家庭的になることは一切求めませんでした。

さすがに知識だけではまずいと、料理上手な叔母から手ほどきを受け、ある程度のことはできるようになりましたが、じゃあそれを実生活に活かすかというと何をするでもありません。ホームパーティに行くたびに、友人達の料理の腕は年々上がっていき、私の舌はただただ肥えていきました。

思い出す限り、父や母から「女の子なんだから」「女の子らしくしなさい」と言われた記憶がありません。結局、大学も就職先も男女比9対1の1として男性と同様の環境に身を置き、女性誌が多い転職先の出版社では働きに働く女性がわんさかいる状況で、世間でいう女らしくすることや、家庭的であろうとする機会自体がなかったように思います。

結婚がそのタイミングだったのかもしれませんが、フリーランスになりたての私には家事よりも仕事のほうがよっぽど魅力的なのでした。

それにしても便利な世の中です。家庭の味を受け継がなくとも、料理本はもちろん、ネット上にはプロから素人までありとあらゆるレシピがあふれていて、冷蔵庫にある食材の可能性を広げてくれます。ただ、ずっとこれに頼っていたら、叔母が言っていた「調味料なんて目分量でいいのよ」の境地には永遠に達せないだろうなあとも思います。

畑の野菜と、物産館で買った野菜と、親戚がくれたお米にスーパーで買った鹿児島産のお肉。渋々レシピ通りに作って食べてみると……ん？　なんと。美味しいじゃないか。信頼できる料理家さんのレシピ通りに作っているので、そりゃそうなのですが、東京でたまに作っていたときとはわけが違います。サラダを食べていたときはドレッシングの美味しさもありましたが、これは明らかに料理の腕を補完して上回る素材の強さ。

料理は別に楽しくはないし、後片付けも嫌いだけど、移住先を決めるときにどんな生活がしたいかを挙げた項目にあったはず。「美味しいご飯がたくさん食べたい」。それを実践するために、ここまでやって来たのだ。仕事でもプライベートでも散々外食を繰り返し、美しく美味しいものとは出会ってきたはず。たらふく食べるプロセスとして、料理もやるしかない。作るべし！　作るべし！

こうして、旬な野菜の収穫を機に、温泉と畑仕事だけでなく料理をする時間が生活に組み込まれることになりました。そして、食べる量は増えているものの、我が家のエンゲル係数はみるみるうちに落ちていきました。

私は今まで生活をしてこなかったのだと思います。旬なものを旬な時期に食べるとか、体を労わってきちんと寝るとか、人間以外の動物が生きるためにちゃんとやっていることを、〝何か〟に惑わされてやってこなかったような。その〝何か〟は、仕事の楽しさもあるけれど、それだけではないと思います。お金なのか、虚栄心なのか、何なのか。

丁寧な生活や自給自足に憧れているわけではないけれど、ジムに行かずとも鍬を振るえば筋肉はつくし、名店に行かずとも新鮮な野菜が食べられる。温泉に入ったら眠くなるから、仕事を早く終わらせようと努力するし、目の前に野菜があるから料理もする。ひとりだから、健康であろうとも思う。

東京では、生活が入り込む余地がないほど仕事と遊びの都合で自分を動かしていましたが、ここでは生活自体が自分を動かすような気がするのでした。

18 便利すぎる都会を離れて、不便のなかに楽しさを知る

無駄のなかにこそ眠っている、私の密かな楽しみ

鹿児島の私の家から歩いて15分圏内で行ける場所は、神社と物産館と公民館くらいしかありません。

温泉に行くときも、スーパーに行くときも車なので、あれだけ不安に苛《さいな》まれていた運転にもすっかり慣れてきました。永遠につけっぱなしにしておきたいと思っていた初心者マークも、だんだんと取れる日を待ち遠しく思うようになりました。

運転をするときは、カーナビが必須です。もはや私はグーグルマップの奴隷で、ただただ言われた通りにハンドルを切り、目的地だけを目指します。とても便利ではありますが、ちょっぴり味気なさも感じています。そして、脳が刺激されることはなく、いつまで経っても道を覚えられないのでした。

かつて、助手席に乗っていた頃、カーナビを信用しないパートナーの影響もあって、旅行に行くときは地図で案内するのが私の役目でした。

〝地図が読めない女〟の私ですが、地図を見ることは大好き。地図には「夕陽１００選」など、名所の情報が載っていて、近くにこんな場所があるみたいだから寄っていこうと提案し、思わぬ絶景との出会いがしょっちゅうありました。地元の人は知っていても、旅行者は知らない魅力的なスポットは各地にあります。

目的地をただ目指すだけの移動は、〝ちょっと素敵な場所〟をたくさん見逃しているような気がします。

そんななか、地元の人から聞く情報は、新しい場所を知る機会を増やしてくれました。温泉で名前も知らない人と会話することは今や日常です。

「普段は別の温泉に行ってるんだけど、ここもいいわねえ」

「いつもはどこに行っているんですか？」

「〇〇温泉ってところ。建物は古いけど、お湯はいいのよ」

場所も詳しく教えてくれますが、道を覚えていない私にはまったくわからず、なるほどなるほどと頷いては、スマホで場所を調べて翌日足を運びます。

先日は、惜しまれながら閉まってしまう温泉で、どこの温泉は泉質がいい、あそこは建物が立派だけど泉質はダメだと、おばちゃん達が閉館後どこに通うかを話し合っていて、

「すみません、今言っていたのなんていう温泉ですか？」

と自ら話し掛けて教えてもらいました。東京では、知らない人に話し掛けることに躊躇して

しまうけれど、ここではそれが当たり前なので、躊躇《ためら》うことはありません。そうして手に入れた情報をもとに、通う温泉の数は数珠《じゅず》つなぎに増えていきました。

道路の標識も侮れません。地方に行くと、知名度はない名勝が標識に書かれていることがよくあります。

先日はスーパーに行った帰りに「台明寺《だいみょうじ》渓谷公園」と書かれた標識を見つけ、なぜか無性に気になって、そちらに向かって車を走らせてみました。

到着すると、人っ子ひとりいない渓谷で、それはそれは美しい川が流れていました。夏になれば、子ども達が水遊びに興じるのでしょう。短い散歩コースをぐるりと回り、マイナスイオンを浴びて帰路に就きました。

グーグルマップの奴隷にばかり徹していたら、寄り道は許されない。便利だし効率的だけど、無駄だと切り捨てられてしまうところに、私の享楽は眠っているように思います。

便利さと豊かさは、似て非なるものなり

都会は便利、田舎は不便。確かに、車がなく公共交通機関で旅をしていた頃は、それを事実として痛感していました。

でも、実際に移住してみると、車とＷｉ－Ｆｉがあれば霧島で不便さを感じることはありませんでした。ネットが発達したことで、その差は縮まっているように思います。

クラシック好きの親戚や、その紹介で話を聞いた女の子いわく、コンサートやイベントごとが主要都市でしか行われないことへの不満はあるようで、そこに行かないと得られないものの格差があるのはわかります。でも、どうしても行きたいものには距離は関係なく足を運ぶし、その行為自体が楽しくもあります。

そして、東京では年がら年中そこら中で何かしらが開催されていて、すっかり食傷気味になっていました。毎日のように届くプレスリリースで、さまざまなイベントの開催がアナウンスされますが、あまりにもその数が多くて、心が浮き立つことも少なくなっていきました。たまにあるからワクワクするわけで、それが日常になると、別に今行かなくたっていいかという気持ちにもなってきます。贅沢な話なのかもしれませんが、その気持ちこそが大切なのだと思います。

以前、富山にあるセレクトショップのオーナーにインタビューをさせてもらったことがあります。そのときは、地方では東京で流行ったものが一年遅れでやって来ると聞いていましたが、今となっては情報を得るのはどこにいようと同じタイミング。鹿児島にもおしゃれさん達がたくさんいて、思い思いのファッションを楽しんでいます。

都会じゃなければならないことって何だろう。私の場合は、ほとんどの友達が東京にいるので、確かに気軽に会えない寂しさはありますが、それ以外についてはこれと言って不満に思うことは今のところありません。情報過多に疲れ切っていた私にとって、今は特別に見える特別ではなくなってしまったことよりも、普段の生活自体に心が躍るのでした。

初めて地方での生活を垣間見たのはハタチの頃です。当時付き合っていた山梨出身の彼氏の実家に行ったとき、コンビニに車で行かないといけないと知って驚きました。

近い親戚はみんな東京に住んでいて、そのときまでコンビニには歩いて行くのが当たり前だと思っていました。今考えると、とんでもない視野の狭さです。そのときは、東京に生まれてよかったと心から思っていました。ほしいものはすぐ手に入る場所にあるし、選択肢もたくさんある。便利、最高！　東京、万歳！

でも、それ以前から何かがおかしいと思うこともありました。恵比寿の駅からガーデンプレイスに続く動く歩道が作られたときです。こんなものがそこら中に作られたら、足の小指はいずれ退化するんじゃなかろうか。今でも、空港で動く歩道を使うことはありません。

とはいえ、移住したら、もっと歩くものだと勝手に想像していましたが、蓋を開けてみると車移動ばかりでどんどん運動不足になってはいるのですが……。

そして、歳を経るにつれて東京はさらに〝便利〟になっていきました。東京のマンションから、歩いて行けるコンビニは20軒以上あったと思います。

電車は5分ごとにやって来るけれど、朝の満員電車はストレスそのもの。渋谷駅はもはや迷路のような状態で、同じような店が入った同じようなビルが、そこら中に建ち並ぶようになりました。

駅ビルが発達して、駅から離れた場所にあるお店が、少しずつ元気をなくしていったようにも見えます。私が大好きだった個人店は、ひとつひとつと消えていき、背後に資本のあるどこにでもあるようなお店がその跡地に入りました。

便利さと引き換えに、何か大切なものを失っていっているような、そんな気持ちにさせられます。

お付き合いのある企業の方は、東京―大阪間の出張が日帰りになったことを嘆いていました。便利なのかもしれないけれど、これって誰得なんだろう。

国内出張のとき、私は必ず後泊していました。せっかく行くのに、もったいない。フリーランスの特権です。長崎に行けば雲仙の温泉まで足を延ばし、京都に行けば美山《みやま》のかやぶきの里まで遠乗りし、その地その地を楽しみました。

なんだか、便利になると共に、余裕が削られていく気がします。便利であることを喜んでいた私は、いつの間にか便利さと豊かさはまったくの別物だと考えるようになりました。

我が家から一番近いコンビニまでは、以前は歩いて3分、今は車で10分。この7分が惜しいとも思いません。ほしいものも情報もネットで手軽に手に入るし、選択肢は少ないかもしれないけれど、東京での選択肢はむしろトゥーマッチに感じます。

いずれ、おばあちゃんになって足腰が不自由になったら困ることも出てくるかもしれませんが、今は明らかに霧島での生活のほうが、私には豊かに思えるのです。

「東京は、いずれ見栄っ張りしか住まなくなる」。以前インタビューした林さんの言葉が頭をよぎります。

楽を得るには、楽じゃないから、楽しい

「楽」という言葉にはふたつの意味があります。心身ともに安らかであることと、簡単で容易いこと。後者ばかりが強調されて、前者は蔑ろにされていないだろうか。私にとっては前者の「楽」のほうが大切なのに。

大学生のとき、まだ一般的にはあまり広がっていなかったネットの世界に没頭しました。当時は友達からデジタル少女（？）と呼ばれ、ホームページをＨＴＭＬで作って、見知らぬ人と交流したり、写真で４コマ漫画のようなものを作ったり、「ピーヒョロロ……」という音と共に世界へと繋がる扉を毎日開き、シスアドの資格も取りました。

でもそのうち、ＨＴＭＬを使わなくても、ホームページ制作は簡単にできるようになって、少しずつ興味を失っていきました。どうやら私は、ああでもないこうでもないと、試行錯誤することが楽しかったようです。

その頃、音楽の沼にもどっぷり浸かっていました。高田馬場駅から大学へ向かう間、レコード店に毎日のように寄り道をして、膨大なレコードの山のなかから目当ての一枚をひたすら探す生活。先輩と一緒に〝遠征〟と称して、町田のレコード店に赴いたり、大学の帰りに実家か

ら近い御茶の水を散策したり、渋谷の中古レコード店にアルバイトの前に立ち寄ったりと、お店に行くことが楽しくて仕方ありませんでした。旅行で行ったオーストラリアでも、トランクいっぱいのレコードを買って持ち帰りました。当時の豪州は、その音源の価値ではなく、1枚なら2ドル、2枚組なら4ドルという値付けだったため、日本ではレアで手が届かないレコードが安く手に入ったのです。

今では、検索すれば海外から簡単に取り寄せることができるし、そもそもレコードである必要もありません。私も気づけばデジタル音源で収集するのが当たり前になりました。

でも、当時好きだったアーティストは今でも記憶にべったりと残っているのに、簡単に手に入るようになってから次から次へと知ったアーティストは、次から次へと忘却の彼方へと消えていきました。

20代後半からは、登山にハマりました。都会的な生活を送っていた私を知る友人は、私が山に登っていることを知って驚いていました。富士山に始まり、その後は北・中央・南アルプスへ。東北、北海道、鹿児島の開聞岳《かいもんだけ》や韓国岳《からくにだけ》も、移住前に登頂しました。ロープウェイですんなり山頂に行けたなら、ここまで好きになることはなかったように思います。

手に入れることが目的だけど、手に入るまでのプロセスも込みで楽しい。楽じゃないから楽しい。簡単に手に入るものに、興味を抱くことができなくなりました。

デジタルに疎《うと》い人に、「こうすれば簡単にできる」と言うことは、それこそ簡単だけど、その人の心を震わせることは容易いことではありません。レコード店を駆けずり回って見つけたとき、体に鞭を打って山頂に到達したとき、そのときに大きな喜びが生まれるものだと思います。

ＩＴが発達して、ＳＮＳも広がり、わからないことはネットで調べることが当たり前になりました。以前は、ヘッドホンを買おうと思ったら、オタクの友達に電話をして知識を共有してもらいました。ついでに雑談もして、友達との繋がりもその度に色濃くなっていったような気がします。でも今は、「ググレカス」なんて言葉があるように、友人に連絡をして教えてもらうことすら逡巡《しゅんじゅん》します。

自分で調べればいいじゃん、と言われたらそりゃそうなんだけど、声を聞いて、どうでもいい話もしたい。それも無駄なことだと切り捨てられてしまうのは、なんだか寂しく思います。

ネットの恩恵を散々受けていて、もうないと生きていけないところまできてしまったのは百も承知。過去に戻れるわけでもなければ、おばさんの回想に付き合ってくれる若者がいるとは思えないけれど、人間味がどんどん失われていくような気がするのです。

温泉でのおばちゃん達との会話は、都会でなくしたものを回復させてくれるような感じがします。コンビニの若い店員さんの「気をつけてー」のひと言は都会では聞けない言葉。ここでは当たり前のことが、私の人間力を復活させてくれるのでした。

農家の皆さま、今日もありがとうございます！

霧島で暮らすようになって、私の試行錯誤は畑の作業になりました。畑を耕して畝を作り、苗を植えて、毎朝「みんな元気ー？」と声を掛け、丸々と育った野菜を見ると言い知れない喜びがあふれます。それを調理して食べるのもまた一興。プロセスをすっ飛ばし、スーパーでお金を払って買うだけじゃ、決して得られない感覚です。

そして、買った野菜だとしても、その背景を思うようになりました。目の前にあるすべてのものは、誰かの仕事によって生まれています。

東京にいると、目の前の景色が目まぐるしく変わっていきます。そして、そのスピードはどんどん速くなっています。

何かが流行れば、あっという間にそのお店がそこここに生まれ、ブームが終わればすぐに姿を消しての繰り返し。情緒にあふれた原宿駅は、どこにでもある外観へと変わってしまい、外苑のイチョウ並木の一部はなくなってしまうかもしれません。

そこにはお金儲けの価値観はあっても、そこで生きる人々の暮らしは何も考慮されていないように見えます。私が愛した鯔背《いなせ》な故郷は、人間味が日に日にぼやけていきました。

どうかどうか、東京の変容した価値観がこの場に持ち込まれませんように。

お金があるからご飯が食べられるのではなくて、農家や畜産家の人がいて、それを運ぶ人がいて、それをお店に並べる人がいるから、だからご飯が食べられる。でも、東京ではその観点が忘れられつつあるように思います。

I owe you. こうして毎日美味しい食事をとれるのも、安全な水が飲めるのも、温泉に入ることができるのも、それを供給してくれる人がいるから。私が働くのは、誰かに借りがあるからです。株でお金を稼いでも、その借りは返せません。

みんなが誰かに借りを返すために、みんなが社会に供給をして、そうして世の中は回っている。それに気づいたとき、世界はまったく違ったものに見えてくるのでした。

19 山の中腹でぽつり。40女の孤独との向き合い方

両親も夫も子どももいない、田舎暮らしの40代の女は孤独なのか

私が20代の濃い時間を共有した友人のうち、30代になってひとりが北海道に、ひとりが愛媛へと移住していきました。

私も愛媛をすっかり気に入ってしまい、4、5回は遊びに行ったと思います。誰もいない湖にゴムボートを浮かべてぼーっとしたり、岬から遊覧船という名の漁船に乗って、ダーツの矢が飛び交うようなトビウオの群れと出会ったり、東京では経験できない遊びをたくさん教えてもらいました。

新しい環境での生活を満喫しているように見えましたが、40代になっていずれの友達も東京に戻ってきました。理由はともに、「親友が恋しかったから」。ふむ。

私は今のところ、寂しさみたいなものを感じていないけれど、いつかそんな日も来るのでしょうか。とは言え、東京を往復しては親友に会っているので、そもそも距離を感じなくなっていました。仕事で実際に会う人の数は減ったけれど、友人に会うことは東京にいた頃よりも

増えているような？　東京にいられる時間が少ない分、会える人には会っておこうと勘が働きます。

常に誰かと一緒にいることを望む人もいますが、私はひとりでいることも大好き。兄と6歳離れているため、子どもの頃は兄妹で同じ遊びをすることもほとんどなく、本を読んだり絵を描いたり、ひとり遊びに没頭していました。

離婚して以来、職場兼自宅にはひとり。既にその環境には慣れていて、部屋のなかにも、霧島のなかにも、遊びたいことがたくさんあります。

音楽も聴きたいし、本も読みたいし、苗も育てたいし、障子の張り替えもしたいし、絵も飾りたいし、梅干しも作りたいし、巣箱もぶら下げたいし、家にいるだけでも数え切れないほどやりたいことがあります。

温泉も入りたいし、湖も行きたいし、釣りもやってみたいし、島も旅したいし、アナグマも見たいし、細い道の先も知りたいし、神社にお参りも行きたいし、土に埋もれた階段も掘り起こしたいし、外に出てもやりたいことは無数にあります。

友人と一緒に遊ぶことも、ひとりで遊ぶことも、どちらにも違った魅力があって、私にとってはどちらも大切な時間です。

移住を決めたとき、友人から「私なら孤独に耐えられなそう」と言われました。孤独かと言われれば、傍から見たらそう見えるのかもしれません。両親は亡くなり、夫も子どももいない

40代の女がひとり鹿児島の山の中腹で暮らしているわけで、そう分類される理由もわからないでもありません。でも、私の心のなかに孤独感は探せど探せど見当たらず、欠片《かけら》のようなものが見つかっただけでした。

結局、孤独というのは、気持ちの距離であって、物質的な距離の問題ではないのだと思います。以前、心を病んでしまった友人から、電話がきて悩みを相談されたことがあります。その人は、私に話したのと同様、たくさんの友人に電話をしては、寂しい、孤独だと弱音を吐いていました。でも、そうやって悩みを相談する相手がいるということは、本来、孤独ではないのです。こちらの気持ちは以前と変わらずその人の心の傍にあるのに、その人の目には私達の心が傍にあることが見えていないようで、どこか遠くへひとり向かおう向かおうとしているようでした。

家族のなかにあっても、クラスのなかにあっても、職場のなかにあっても、自分は孤独だと思えばいくらでも孤独になれる。ひとりでも、山のなかでも、自分は豊かだと思えばいくらでも豊かになれる。年に一度くらい、欠片からふわっと現れる物質的な孤独感は、ふっと息を吹けば立ち消えるほどに、毎日の暮らしは楽しいのでした。

社交辞令はいらぬ。出会ったからには話してみる

ベースは鹿児島、東京に月1週間~10日くらい滞在という生活をしているうちに、東京の変

化がわかりやすくなった気がします。

いわゆるおしゃれさんが大集結しているスポットは、中目黒から駒沢、三宿に移っていたし、渋谷駅周辺の迷宮は混迷を極めていたし、たまに行っていたケーキ屋さんではとんでもない値上がり幅を叩き出していました。

スマホを耳に当てることなく、ハンズフリーで会話しながら歩く人もだいぶ増えたようです。そこにはバリアが張られているみたいで、毎回ぎょっとさせられます。

田舎の面倒なかかわりに嫌気が差して都会にやって来たという人もいます。一方で、都会では面倒なかかわりがない分、個人主義が蔓延して、共同体がどんどん崩れています。ひとり暮らしの人口は年々増えていき、２０４０年には約４割がひとり暮らし世帯になるという分析結果も。自己責任論なんて、私が学生の頃には聞かなかった言葉です。

面倒だからと極端な自由を手にすることで、人生のリスクは高まっていくのではないでしょうか。いざというときは地域の人と助け合おうと思いながら生きるのと、いざとなっても自分でどうにかするしかないと思いながら生きるのでは、どちらのほうが孤独感は強まるのでしょう。所詮、生き物。群れが必要。

改めて、地域の人ともっと繋がりたいし、ここで暮らすだけで孤独ではないという環境を作っていこうと思いました。

ある日、移住支援金の受け取りにあたっての調査で、市役所の人が家にやって来ました。リフォーム箇所などを一通り説明したあと、私と同様、東京からご夫婦で移住して来たという江口さんを紹介してくれるというので、有難くお願いすることにしました。ふたりは、ここでキャンプ場とサバゲー場を開くべく、目下奮闘中とのこと。その話を聞くだけでも楽しそうです。

以前インタビューもさせていただいて、顔馴染みになった市役所の貴島さんは、江口さんの家に向かう道すがら、いろいろな場所を紹介してくれました。普段通らない住宅が点々と並ぶ細い道を走っていると、グーグルマップにも出てこない個人がやっているお蕎麦屋さんや窯元がぽつりぽつりとあるのでした。こんな場所が他の地域にもあるのでしょう。うーん、生きた情報だなあ。

山をくねくねと下っていくと、木々に大きく包まれるように江口さんのおうちが見えてきました。私の家の周りは畑や牧草地で、ぱーんと抜けているのですが、ここは空間は広いものの、森に囲まれているので、山がこの場所を守っているように見えるのでした。

こんなロケーションもいいなあ。広々とした土地には立派な一軒家と、その横に何やら工事中の建物と、その向かいに大きな大きな倉庫があります。

そこには地元の棟梁がいて、裏にある山を江口さん夫妻と一緒に切り開いているとのことでした。パワフル！　突然の訪問にもかかわらず、江口さんは笑顔で迎えてくれて、ちょっとした世間話を交わしました。棟梁と江口さんには、もう親子のように気さくな人間関係があるようです。

単身世帯率の推移

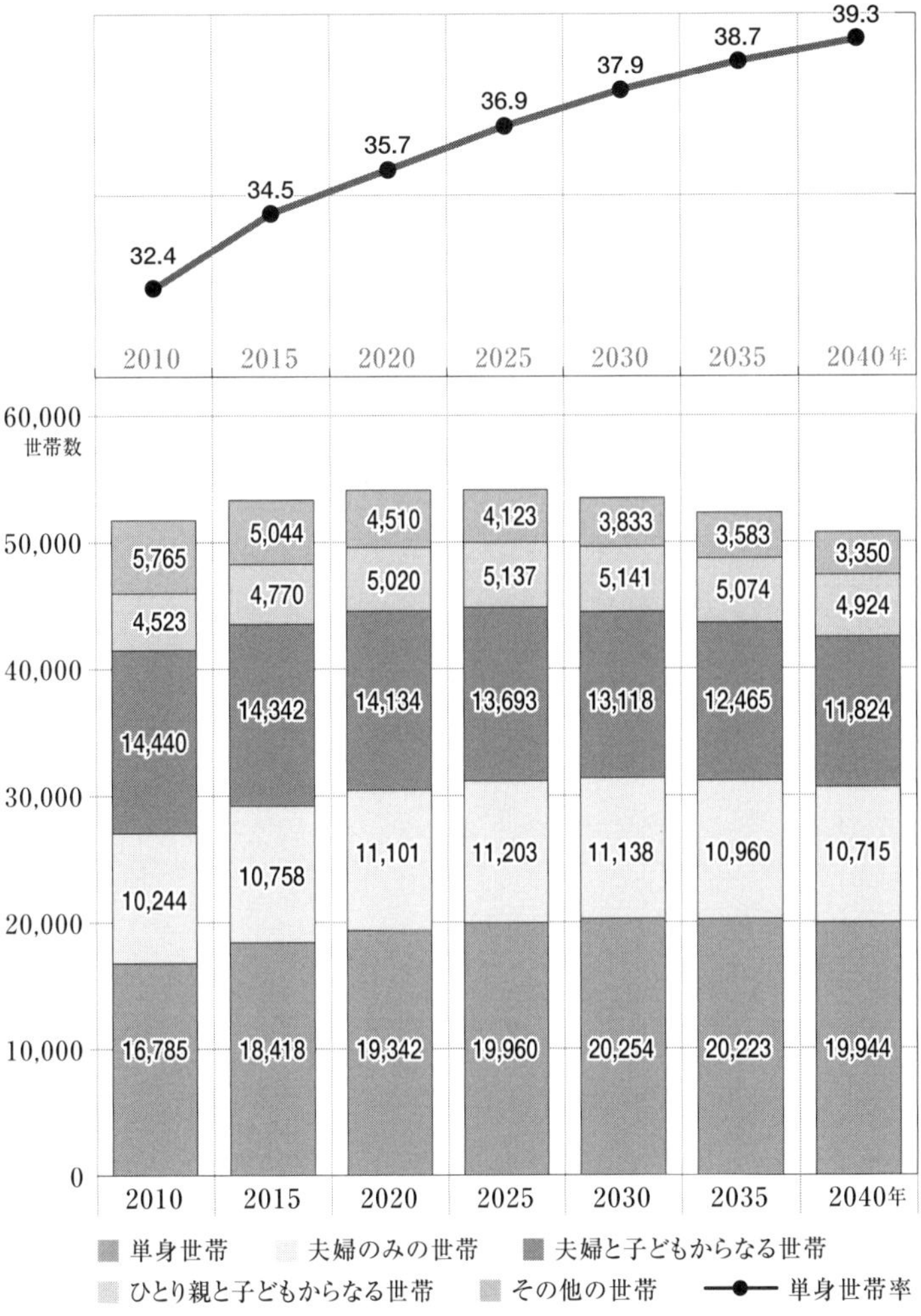

「日本の世帯数の将来推計（全国推計）」（2018〈平成30〉年推計）（国立社会保障・人口問題研究所）
https://www.ipss.go.jp/pp-ajsetai/j/HPRJ2018/t-page.aspをもとに編集部で作成。

スマホを家に忘れてきた私は、今度ゆっくり話しましょうと連絡先を書いた紙をもらって、貴島さんに家まで送り届けてもらったあと、早速電話番号にショートメールを送りました。すぐにＬＩＮＥのＩＤを交換してＬＩＮＥに移行し、この勢いのままと翌週お茶をする約束をしました。せっかくの出会いを社交辞令で終わらせるのはつまらない。以前、市役所の松元さんに教えてもらったものの、まだ足を運んでいなかった年輪堂というカフェを提案すると、ぼのぼのの絵文字と一緒に快諾してくれました。

Ｕターンでも孫ターンでもいい、戻っておいで

年輪堂は、最寄りのコンビニに向から途中で左に曲がる、まだ足を踏み入れたことのないエリアにあります。知らない田舎道を走るだけでも楽しいので、こんな場所にも集落があるんだ、あ、お花が綺麗と、到着するまでの道中も飽きることはありませんでした。

建物は、山道を登っていった途中の開けた集落の一角にあって、だだっ広い芝生が広がる土地に静かに静かに佇んでいました。あとから聞くと、大阪からやってきたオーナーさんだそうで、なかに入ると、江口さんが既に座って待っていました。洗練された都会的な空間。でも、外に目を移すと一面緑。

視界は谷根千《やねせん》にあるカフェと言われてもおかしくないのだけれど、外が静かだからか、お寺に来たときのように気持ちがクリアになっていく不思議な場所でした。

江口さんはもともと鹿児島市内出身で、旦那さんは東京出身。東京の同じ企業で働いていたものの、今は霧島に移住してきて、旦那さんはリモートワークをしながら、ふたりで次のステップに向かって試行錯誤しているとのこと。工事中の建物は、いずれ自宅の横でカフェができたらと考えているそうです。

歳を聞くと、まだ29歳。しっかりしているので30代かと思っていましたが、マスクを外した肌は確かに20代のそれなのでした。やはり、この地には希望がある。

霧島で暮らしていて、如実に不安になるのは少子高齢化です。農家の人も、温泉の受付の人も、定食屋や物産館のおばちゃんも、スーパーの店員さんも、大工さんも、インフラ工事の人も、みんないなくなったら困ります。でもやっぱり、私よりも年上の人が大半を占めているのが現実です。

霧島で暮らすことの価値が理解できる人なら、年齢関係なく集まって来る。今あるものを持続させていくには、若い人がいないと困るし、人が集まって来れば、それを受け継ごうとする人も現れ、ビジネスではなく、ここで生きるために必要な産業が生まれていきます。

東京での息苦しさ、霧島の暮らしの心地よさ、豊かさとは何か。東京で暮らしたからこそわかる都会のメリットとデメリットを共有し合える相手は貴重でした。10歳以上歳が離れているけれど、勝手に親近感を抱いて、ついつい長い時間おしゃべりに花を咲かせてしまいました。

私が都会で生きてきたから知らなかった田舎の感覚があるように、ずっと霧島で過ごしてきたから知らない都会の感覚もあります。隣の芝は青く見えるもの、個人主義への羨ましさを語られても、その弊害も味わっている身としてはなんとも言えない気分です。

その微妙な気持ちを、江口さんはわかってくれるのでした。

同じ地域で暮らす、素敵な仲間と出会えたようです。「霧島が好き」ということだけで繋がれたことが、地域共同体感があって高まります。

移住して以来、ここで暮らすことがめちゃくちゃ贅沢で価値があることなのに、それに気づいていない人を見て憂うこともありましたが、この日に全部吐き出せた気がしました。恐らく、逆もそうなのでしょう。東京で暮らすことはめちゃくちゃ贅沢で価値があることに見えるし、行動に移す人は実際にやって来る。そのとき、東京で暮らすことに価値を感じ続けられれば、そのままいればいい。でも、東京ならではの生きづらさを感じたら、そのまま残らずに、地元に帰るのもひとつの手だと思います。てゆーか、帰ってきてくれ。頼む。このままだといろいろなものがなくなっちゃうよ。

孤独感を凌駕する地域の人々との交流と田舎生活への好奇心

便利さと豊かさ、お金と幸福度に相関がないにもかかわらず、都会の価値観をこの地に求める声もちらほらと聞きます。一方で、温泉で出会う霧島のおばあちゃん達の「ここは、いいところでしょう?」という言葉に、毎回テンションが上がっていました。移住したあなたは間違っていないと言われているように思えてきます。そう、私もいいところだと思ってやって来ました。

少し汗ばむ陽気だったある日、温泉から上がってTシャツに着替えると、

「なんか、突然夏が来たって感じね！」

と、おばあちゃんから笑顔で話し掛けられました。

「そうそう、突然暑くなってきましたよね」

「若くて羨ましいわ！」

「いや、背筋めちゃくちゃ伸びてるじゃないですか」

「そんなことないわよ、もう85歳だから」

「えー、まったく見えない！　すごく姿勢が綺麗！」

私が移住してきたことを伝えると、やはりなんで？　と疑問を持たれましたが、事情を説明すると、温泉もいいし、ご飯も美味しいしと、霧島がいかにいいところかを話してくれました。

そして、最後におばあちゃんがひと言。

「若さって宝よ〜！　まだまだなんでもできるからね、頑張って！」

はーい！　頑張りまーす！

こんな会話がしれっとなされる生活、まったく嫌いじゃありません。これも田舎の煩わしさのひとつにされてしまうのでしょうか。都会の銭湯では失われてきた風景がそこにあって、ノ

スタルジーではなく、これがここの今なのです。最高。

別のある日は、私が住んでいるところよりもさらに田舎にある温泉まで足を延ばしました。閉店の1時間前に滑り込むと、ちょうど入れ替わりでひとり帰って、私ともうひとりのおばあちゃんだけになりました。私が髪を洗い終えて、体を洗っていると、おばあちゃんがこちらにくるりと背中を向けて言いました。

「泡、ついてない？」

私が、親指と人差指で丸を作って、

「ついてない！　大丈夫です！」

と答えると、そこから自然と会話が始まりました。

この歳になると体中が痛いこと、それでも茶摘みをしていること、この温泉のお湯がいかにいいか、道に生えているたけのこの処理と保存方法、雑草対策にはやっぱりマルチ、近所にある別の温泉、帰りに蛍が見えること。

「前は商店が4つあったけど、全部なくなっちゃったんだよ。今は移動販売の人が持ってきてくれるから、助かってるけどね」

どれもこれも、ここで生きる私にとって必要な情報です。やっぱり、情報が生きている。

その後、以前、観光で一度東京に行ったけれど、人酔いしてしまったと言って、ここでの生活がいかに楽しいかをおばあちゃんは話しました。

「東京ではみんなせかせかせかせかしていたけど、そんなに急いでどうするんだろうね。ここはゆっくりのんびりしていていいでしょう」

本当に。そんなに急いでどうするんですかね。ここの温泉は飲めるからと、一緒に吹出口に両手を差し出し、少し硫黄の香りがする温泉をごくごくと飲みました。

名前を知り合う関係性と、名前は知らないけれど世間話をし合う関係性が、少しずつ少しずつ広がっていきました。そのたびに、ここでの暮らしに血が通っていくようです。

鹿児島に移住した時点で、ひとりで最期まで生きることも覚悟でやって来ました。ひとりでもふたりでも、楽しければそれでいい。ふたりで生きることの幸福も経験したからこそ、孤独感の欠片がたまに姿を現すのでしょう。それでも、ひとり遊びが上手な私の、ここで暮らすことへの好奇心のほうがよっぽど強い。

もう20軒近く回ったのに、まだ行っていない温泉はあるし、四季それぞれの霧島神宮にも行ってみたい。霧島アートの森にも久しぶりに行きたいし、まだ福山からダイヤモンド桜島も見ていない。それぞれの野菜に適した土のｐＨ値も知らなければ、これから増えてくる虫の種類も知らないし、畑を囲むように植えた果樹達の実も、食べられるのはずっと先。

子どもの頃のような好奇心がむくむくと湧き出して、寂しいと思う暇もありません。都会にいたって孤独は孤独。人は少ないけれど、霧島で暮らしていくと、なぜか孤独感とはより無縁になっていくように感じるのでした。

20

霧島での人生後半戦は、まだ始まったばかり!

宇宙から見る霧島、霧島から見る私

ピヨピヨピヨ、ピーィピーィ、ピピピピピ……。澄んだ空気に鳥の鳴き声が響き渡り、今いる場所の静けさを感じます。東京にいたときも聞こえていたはずなのに、耳には届かなかった囀り。

宇宙まで続く雲ひとつない青空のもと、移住補助金でマメトラを手に入れた私は、雑草をすき込みながら黙々と畑を耕していました。今までキーボードを叩くばかりだった節くれだった指は、今ではすっかり腱鞘炎《けんしょうえん》を患っています。

耕運機のスイッチを切って、うーんとひとつ大きく伸びをすると、私は宇宙に浮かんでいました。

目の前にあったバレーボール大の地球をいろいろな角度から観察してみると、国同士が互いに足りないものを売り買いしていたり、どこかで戦争をやっていたり、どこかの国同士が手を組んでいたり、地球の世界ではさまざまなことが起きているようでした。

よく見る地図では、日本は中心にあるけれど、球体で見ると太平洋と大西洋は広大で、日本は一番東にある小さな島国だとわかります。そりゃ災害も多いわな。

宇宙に浮かんだ体を、日本に向かってぎゅいーんと頭から突っ込んでいって、上からふわふわ眺めてみると、どうやら人口が偏っているようです。都会では小さな小さな無数の点が蠢《うごめ》いていますが、田舎ではまばらです。その点を集めたデータによると、子ども食堂なるものも、メンタルクリニックを利用する人も増加しています。中国企業が増えているようですが、それ以前から欧米企業は数多にあって、国内企業の弱肉強食が進んでいます。賃金が下がっているからか、投機や副業を始める人も増えているようです。

日本の上空に浮かんだ体を、鹿児島に向かってしゅいーんと手の指先から移動させて、上からふわふわ眺めてみると、平地が少ないことがわかります。黒豚とさつまいもとかるかんだけかと思っていたら、海も山もあって、採れる食材は実に実に豊富です。特徴的なのはなんといっても桜島。県の南部は、手で割いて薩摩半島と大隅半島に分けたような不思議な形をしています。

鹿児島の上空に浮かんだ体を、霧島市に向かってひらりひらりと踊るように下りていって、上からふわふわ眺めてみると、だんだんと人々の暮らしが見えてきます。数々の源泉が湧く共同浴場があちらこちらにあって、ひとり暮らしの高齢者が少しずつ増えているようです。山間部と市街地ではだいぶ様子が異なります。一部の山が削られてソーラーパネルが並ぶなか、霧島神宮が周辺の土地を見守っています。

霧島の上空に浮かんだ体を、自分の家に向かって、すーっとつま先から降ろしていって、寝室の床に足をつき、いつも寝ているベッドの上にふわりと座ると、目の前には生活があります。起きて、食べて、働いて、眠って。自分がストレスなく、ただただ心地よく生きるには、どんな環境に身を置けばいいんだろう。

マクロの視点を知りながら、ミクロの視点でどう生きるかを考える。これが経済学の本質なんじゃないかと思っています。

グローバルとローカルは一緒の視点では見ることはできない

ひとりひとりの生活は、宇宙から見ようとしても、日本の上空から見ようとしても、何も見えません。ただただ点がそこらここらでわらわらと蠢いているだけ。

だから、統計で判断しようとするけれど、経済学者も気象予報士も占い師も未来予測には統計を用いるわけで、統計から見えてこないことなんていくらでもあります。結局、私達は点でもなく数字でもなく、どこまでいっても人間です。

移住して半年以上が経って思うのは、〝グローバルな視点で、ローカルを考える〟。なんて話は、戯言でしかないということです。むしろ、グローバルな視点では見えないものがローカルにはあります。これは、実際にその地に住んで、さまざまな人と交流しながら、長く生活をしていかないと決してわからないことで、人間を点や数字で表したデータからは浮き上がってきません。

都会に住みながら、地方で何かを提案して、なんとなく何かが生まれたら、またすぐに次の土地へ。そこに住んでいる人の顔や生活を真正面から見ていないくせに、そこで生きる人それぞれの豊かさを理解して提案するなんて、できるわけがないのです。10年後、20年後、30年後、40年後と、頭を捻りながら未来を考えられるのは、同じ課題を抱え、それを自分事にできる、そこに暮らす人々だからこそ。

私には地域共同体が必要なんじゃないか、そう考えて移住を決心しました。

移住した理由を聞かれると、わかりやすいキャッチーな話として「温泉が好きだから」とばかり答えていますが、本当は、個人主義が加速し続けている東京を離れ、地域共同体が生きている場所に移りたいと思ったから。死んだ私を見つけてくれるのは誰なのか。

地方の問題はどこでも一緒。どこかの真似事をすれば活性化する。そんな単純な話ではありません。私達は数字ではなく、人間だから。それは、上空に浮いたまま見ても気づけないこと。足を地面につけないとわからないこと。

実際、蓋を開けてみると、地方でも自治の意識が徐々に薄れていっていることを感じます。特にコロナの影響で、集会等ができないこともあるのでしょう。市街地に住んでいる人に話を聞いたら、総会には委任状を出すだけで、もう何年も出ていないと聞きました。

でも、だからといって上空から見ていたり、ネットで検索したりしているだけの誰かにそれを任せてしまったら？　今の状況では、他人事でしかない誰かの金儲けの道具にされるだけ。それは、なんだか今の日本の状況に似ています。

投機や副業は、やっているのか、やらされているのか。果たして。

多様性の強要が、多様性を失わせていく

共同体は小さければ小さいほど、ひとりひとりの顔が見えてきます。家族、クラス、学校……。もし、合併前の7つの町に分かれた霧島に住んでいたら、私は合併に反対する立場だったように思います。ひとりひとりの顔が見える大きさで、そこに暮らす人達が、そこに何が必要かを考え、小さくても産業を生み出していけたら——。

でも、家族でもなく友達ともまた違う他人同士で、穏やかな関係性を築くことは容易ではないのでしょう。家族でも学校でも地域でも、その小さな共同体に嫌気が差して、自由を求めて出て行く人達もいます。10代や20代だったら私もきっとそうしていたと思いますし、そもそも昔から団体行動は大の苦手。拍手！　と言われて拍手をするのも大嫌い。拍手は意志だ、指示をするな。

そんなひねくれ者の私ですが、誰かが自由という権利を主張し、また別の誰かが自由という権利を主張したとき、そこで争いが起こることも理解しています。だからこそ、そこにルール

が必要とされ、それを作る人々が存在するわけで。

自由であることが拡大していけば、争いはより激しくなっていきます。かといって、規制ばかりが拡大していけば、人々の心には鬱憤《うっぷん》が蓄積されていきます。

すべてはバランス。

陰陽かあ、昔の人は頭がいいなあ。今はバランスがよろしくない。今が一番進化しているなんてまやかしで、よくよく考えてみると、人間が愚かではなかった時代なんて存在しないのでした。

80年代から多様性という言葉がじわじわと浸透し始め、この15年は個性、自分らしさというキーワードが頻繁に囁かれるようになりました。

でも、やっぱり何かがおかしいのです。「多様性を大事にしましょう」と言われた瞬間、強制力が働いて、多様性は失われていきます。

多様性は結果であり、ある種、風土のようなもの。鹿児島弁は私にはわからないけれど、鹿児島弁がなくなるということは、個性が死んでいくということです。

「多様性が必要だ！」「多様な人種が一堂に会すには共通言語が必要だ！」と、みんなが同じ言葉を話し始めたら、たしかにそれは効率的ではあるけれど、肝心の多様性は失われていきます。多様性を受容することが〝目的〟になった途端、その時点で多様な社会ではなくなり、そしてその中身は画一化していきます。

一見、とても自由で、ダイバーシティが広がっているように見える、今の東京の個性とはなんぞや。

誰かがストックバッグに詰めてくれた優しさの塊

私が霧島に移住して、実際に地に足をつけて知った霧島の魅力は、多種多様な温泉と、人の優しさです。

人にやさしく。

お母さんも、保母さんも、ブルーハーツも、神様も言っていました。もちろん、全員が全員そういうわけではないけれど、東京ではあれだけ人がいるのに、たまにしか味わうことのない体験を、ここでは毎日のように体感します。名も知らぬ人の慈しみ。

人間関係をコスパで考える人が増えているという記事を読んで、いよいよロボットじみてきたなあと感じずにはいられません。

多くの人が時間を盗まれた結果、いかに早く、いかに簡単に、いかに効率的にお金を稼ぐかが考えられるようになってきました。でも、結局ロボットではなく人間なので、じわじわと全体の仕事のクオリティが下がってきているように見えます。私達の生活を支えてくれている誰かが、能力を発揮できていない、仕事を楽しめていない、大事にされていない、品質の低下はその表れのようです。

それぞれ、心地よい生き方は違っていて、モデル解答なんてあるはずがないのに、誰かがそれを提示して、それがいいものだと思わされているような？

東京から鹿児島を見たら、ずいぶんゆっくりしているように見えたけど、鹿児島から東京を見たらずいぶん忙しなく見えます。どちらが正しいかではなくて、自分にとってどちらが居心地がよいか。

東京を故郷として愛してやまなかったけれど、今の私には霧島のほうが性に合っているように感じます。

都会に合わせるのではなく、違う価値観を提供できたなら、その価値観を持つ土地に、人は移り住むこともあるのではないでしょうか。まさに私がそうしたように。

旬を過ぎてしまって、一番お気に入りの野草茶が物産館の店頭から姿を消して数か月。お手製の味噌を買いに訪れると、ようやく待ちに待っていたいつものお茶が、いつもの場所に顔を並べていました。待ってました！　何かの発売を待ち焦がれるのは久しぶりの経験です。5袋をすべて抱えてほくほくとレジに持っていくと、いつもの店員のおばちゃんが笑顔で迎えてくれます。営業ではない、ごく自然な世間話。

「ずっと待ってたんです！　やっと復活してくれて嬉しい」

「今回の分、ゆずの種が入ってるんですよ」

見ると、野草茶が入ったストックバッグのなかに、ゆずの種が入った小袋が見てとれました。

おばちゃんは、5袋も買うんだったらと、ゆず化粧水の作り方を教えてくれました。

家に帰って、早速袋を開けて、ゆずの種が入った小袋を取り出すと、そこには〝ゆずの種サービス〟と、ひとつひとつ丁寧に墨文字が書かれていました。

ハッシュタグをつけて呟かなくても、住所や電話番号を伝えなくてももらえるゆずの種は、「よかったらどうぞ」という、誰かの優しさの塊なのでした。

おわりに

霧島での生活も一年が過ぎ、連載のお話をいただいたとき42歳だった私は、光の速さで44歳になりました。ここでは若手でも、生物学的には十分おばちゃんです。

四季折々の霧島はどれも美しく、季節の野菜や果物を前に、今まで以上に食べることが好きになりました。仕事に煮詰まったときは、車を少し走らせれば桜島が見渡せる海辺があって、ちょっとしたストレスは夜の温泉が洗い流してくれます。

雑草との格闘も、虫や爬虫類との遭遇も、コンクリートジャングルで生まれ育った私にはすごくエキサイティングで、初体験の連続です。ひとつクリアするごとに、ちょっぴり生きる力が高まっていく気がします。

温泉でおばちゃんから旦那さんの愚痴を聞いて大笑いしたり、近所の娘さんの帰省を喜んだり。今では、こんなことの積み重ねで世の中は回っているように感じています。温泉の常連のおばちゃんが、私も含めて〝私達〟と表現してくれたときは嬉しかったなあ。

だけど、この野草茶を作ってくれる人もいつかはいなくなる、おばちゃんが口伝えで教えてくれる郷土料理はこのままだと消えてしまうと、同時に不安に思うこともあります。

既にこの地に眠っている多様性を守っていくにはどうすればいいか。そんなことを次の20年でつらつら考えて、その次の20年は中学生の頃に夢見た隠居生活を送れたらいいなあと青写真を描いています。その頃には、果樹も実っているはず。

今、読み返すとついこの間のことなのに、もう遠い昔のようです。だんだんと霧島に溶け込みつつあるのかもしれません。

この連載のきっかけをくださった集英社の今野加寿子さんは、尊敬すべき編集者でもあり、憧れの先輩でもあります。的確なアドバイスと話の引き出しの多さに、毎回舌を巻いていました。霜田あゆ美さんのイラストは、〆切に追われる最中に差し出されたホットココアのようなぬくもりを与えてくれました。イラストを見るのが、原稿を書き終えたご褒美でした。松岡理恵さんには、几帳面さの一切ない私のざるの校正を丁寧に掬い上げていただきました。お力添えあってどうにかここまで辿りついたという思いです。そして、自身の著書でご一緒できるとは思ってもいなかった装丁の今井秀之さん。束見本を受け取ったときの小躍りをお見せしたいです。

連載をきっかけに霧島の方との繋がりができたり、SNSで鹿児島の方にフォローしていただいたりと新たな縁までいただき、寄せていただいたコメントやDMは、大きな励みになりました。心から、ありがとうございます。そして、これからも宜しくお願いします！

二〇二三年新春に　藤原　綾

初出
集英社ノンフィクション編集部公式サイト
「よみタイ」（2021年7月～2022年6月）
「女フリーランス・バツイチ・子なし　42歳からのシングル移住」を加筆修正しました。

カバー・本文イラスト　霜田あゆ美
カバーデザイン／本文レイアウト／図版作成
今井秀之
校正　鷗来堂
編集協力　松岡理恵

藤原 綾 （ふじわら あや）

1978年東京生まれ。編集者・ライター。早稲田大学政治経済学部卒業後、某大手生命保険会社を経て宝島社に転職。ファッション誌の編集から2007年に独立し、ファッション、美容、ライフスタイル、アウトドア、文芸、ノンフィクション、写真集、機関紙と幅広い分野で編集・執筆活動を行う。

Twitter @ayafujiwara6868

女《おんな》フリーランス・バツイチ・子《こ》なし 42歳《さい》からのシングル移住《いじゅう》

2023年2月8日　第1刷発行

著　者　藤原《ふじわら》 綾《あや》

発行者　樋口尚也

発行所　株式会社集英社

〒101-8050　東京都千代田区一ツ橋2-5-10

電話　編集部 03-3230-6143

読者係 03-3230-6080

販売部 03-3230-6393（書店専用）

印刷所　凸版印刷株式会社

製本所　株式会社ブックアート

定価はカバーに表示してあります。

ISBN978-4-08-788087-8 C0095